AI와 슬기로운 금융 생활

인공지능총서

인공지능 시대입니다. 기계가 인간의 인지를 대신하고, 사물이 인간을 통하지 않고 다른 사물과 직접 커뮤니케이션합니다. 이에 따른 인간 삶과 문명 변화를 정확히 이해·예측·대응하는 것은 이 시대 우리 모두의 과제입니다. 인공지능총서는 인공지능 기술과 환경의 여러 주제를 10가지 키워드로 정리합니다. 관련 개념과 이론, 학계와 산업계의 쟁점, 우리 일상의 변화를 다룹니다. 인간과 기술의 현재, 미래를 세심히 분석합니다.

일러두기

- 인명, 작품명, 저서명, 개념어 등은 한글과 함께 괄호 안에 해당 국가의 원어를 병기했습니다.
- 외래어 표기는 현행 어문규정의 외래어표기법을 따랐습니다.

처음이세요?

전문가세요?

AI와 슬기로운 금융 생활

송민택

대한민국, 서울, 커뮤니케이션북스, 2025

AI와 슬기로운 금융 생활

지은이 송민택
펴낸이 박영률

초판 1쇄 펴낸날 2025년 8월 1일

커뮤니케이션북스(주)
출판 등록 2007년 8월 17일 제313-2007-000166호
02880 서울시 성북구 성북로 5-11
전화(02) 7474 001, 팩스(02) 736 5047
commbooks@commbooks.com
www.commbooks.com

ISBN 979-11-430-0735-3 03500

책값은 뒤표지에 표시되어 있습니다.

차례

AI 시대의 금융 문법

금융의 경계가 허물어지는 시대

기존, 우리가 경험했던 금융이란 특정한 장소에서 특정한 사람들만이 다루는 일이었다. 은행, 증권사, 보험사 같은 전통 금융 기관이 중심에 있었고, 우리는 그들의 문을 두드려야만 했다. 돈을 빌리고, 투자하고, 보험에 가입하는 일은 모두 그들의 관리 아래에서만 가능했다. 그러나 이제는 스마트폰 속 앱 하나로 그 모든 기능이 손에 닿는다.

카카오페이로 결제하고, 쿠팡에서 보험을 가입하며, 토스에서 대출을 받는 시대다. 더는 영업점 창구를 방문하거나 금융사를 거치지 않아도 일상 속에서 자연스럽게 금융을 이용할 수 있게 된 것이다. 이 변화는 일시적인 흐름이 아니라 금융의 구조 전환을 의미한다. 따라서 금융도 플랫폼이라는 새로운 무대에서 재편되고 있다. 심지어 기존 금융사들도 스스로를 '테크 기업'이라 부르기 시작했을 정도다.

이제 금융 산업은 단순히 산업 간 경계 수준을 넘어,

일상과 행동, 콘텐츠와도 연결되고 있다. 유튜브를 통해 투자 정보를 얻고, SNS(Social network Service)에서 보험 콘텐츠를 보고 그대로 가입하는 일이 결코 낯설지 않다. 어느 순간 금융은 더 이상 숫자나 지식의 문제가 아니라, 경험으로 소비되는 생활의 일부가 되어 버렸다. 우리는 무의식적으로 금융을 수행하고 있는 셈이다.

그러나 이렇게 가까워진 금융 행동이 반드시 쉬워졌다고 말할 수 없다. 소비자는 이전보다 많은 선택지를 얻었지만, 동시에 더 많은 책임과 불확실성을 감당해야 한다. 경계가 허물어진 대신 기준은 한층 복잡해졌고, 정보의 양은 늘어났지만 이해의 질은 따라가지 못하는 경우가 많아졌다. 쉬운 접근과 깊은 이해는 다른 차원의 문제이기 때문이다.

지금의 금융은 물리적 창구가 아니라, 데이터 흐름과 코드 위에서 움직인다. 돈은 더 이상 현금이나 잔액으로만 존재하지 않으며, 클릭과 신호, 로그와 알고리즘으로 구성된다. 과거엔 우리가 어느 은행을 이용하는지에 주의를 기울였다면, 이제는 어떤 데이터 흐름에 내가 묶여 있는지가 더 중요해졌다. 금융의 개념 자체가 달라진 것이다.

이 변화의 핵심에는 디지털 기술, 특히 AI가 자리 잡고 있다. AI는 금융 업무의 자동화가 아니라 상품의 구조와 흐름 자체를 변경하고 설계하는 존재가 되었다. 대출 심사나 자산 배분, 리스크 평가에 이르기까지 알고리즘이 결정하고, 소비자는 그 결과를 따르기만 하면 되는 식으로 바뀌고 있다. 단적으로 금융 프로세스는 점점 더 자동화되며, 그 구조는 소비자에게 잘 보이지 않게 된다.

신뢰로 표현되는 금융의 전통적 가치도 다시 설계되고 있다. 과거에는 금융 기관 담당자의 설명과 직관에 의존했지만, 이제는 데이터 기반의 추론이 그 자리를 대신한다. 다만, 알고리즘은 수치를 근거로 판단하기 때문에 인간의 감정과 배려는 코드에 담기 어렵다. 그래서 디지털로의 전환은 효율을 가져오지만, 한편으로 소비자의 소외와 불안을 낳을 수 있다.

이처럼 일상에 스며든 기술은 금융 기관의 문턱을 낮추었지만, 새로운 장벽도 만들어 냈다. 어쩌면 소비자는 금융 서비스를 잘 이용하기 위해 더 이해해야 할 내용이 증가한 것은 아닌지 모르겠다. 때로는 자동화된 추천을 받아들일 것인지, 스스로의 판단을 개입시킬 것인지도 고민하게 된다. 다만 선택에 대한 책임은 여전히 소비자에게 있다는 점이다.

이러한 금융의 재구성은 특정 국가나 산업의 문제가

아니다. 글로벌 플랫폼과 디지털 자산, 국경 없는 데이터 흐름이 맞물려 금융 산업의 판도를 흔들고 있다. 금융은 제도와 규칙이 정한 방식으로만 더 이상 움직이지 않는다. 오히려 기술과 사용자 경험이 실질적인 질서를 만들고 있다.

그래서 우리는 현재, 오래된 시스템이 해체되고 다시 조립되는 과정을 경험한다. 낯익은 금융의 틀은 점차 사라지고, 그 자리를 새로운 문법이 대체하고 있는 것이다. 방향은 여전히 명확하지 않지만, 분명한 것은 예전 방식으로는 이 흐름을 따라잡을 수 없다는 점이다. 이 책은 바로 그 지점에서 출발한다—무너진 경계 이후, 새로운 금융 감각을 획득하는 것으로부터.

디지털 네이티브를 위한 금융 리터러시

지금의 2030세대는 태어날 때부터 디지털 기기와 함께 자라난 디지털 네이티브다. 대부분은 영업점에서 대기표를 받으며 줄 서는 경험을 하지 않았다. 대신 앱과 푸시 알림을 통해 금융 서비스를 경험한 세대다. 은행원이 아닌 챗봇과 대화하며 정보는 유튜브나 커뮤니티에서 얻고 자랐다. 이들은 금융의 주요 고객으로 성장했지만, 정작 그 안이 어떻게 움직이는지는 제대로 알지 못한다.

학교에서 배운 경제 교육은 실생활과 동떨어져 있고, 기술은 그 격차를 더욱 키운다. 전통적인 금융 기관은 여전히 이자율과 신용등급이 중요하다고 역설하지만, 현실은 소비 패턴과 행동 데이터가 신용 점수를 만들고 있다. 그렇다면 사람들이 금융을 바라보는 관점과 문해력도 달라져야 한다. 사실 우리가 경험하는 문제는 정보가 부족해서가 아니라, 금융 구조의 무지(無知)에서 오는 경우가 허다하다.

BNPL(Buy Now Pay Later)이나 자동 이체, 간편 결제처럼 친숙한 기능들이 우리 곁에 있다. 하지만 그것들이 나의 신용 점수나 대출 가능성, 지출 패턴에 어떤 영향을 미치는지는 잘 모른다. 일상생활은 디지털화됐지만 금융에 대한 인식은 여전히 낡은 개념 안에 머물러 있다. 익숙함과 이해 사이에 깊은 괴리가 존재하는 것이다.

생성형 AI는 이러한 틈을 메우는 도구가 될 수 있다. 누구나 챗GPT(ChatGPT)에 금융 관련 질문을 하면 빠르게 답을 얻을 수 있다. 하지만 그 답을 그대로 받아들이는 일은 또 다른 의존을 낳는다. 정보 접근성이 높을수록 해석 능력이 더욱 커 보이는 이유다.

리터러시는 단순히 정보를 수용하는 능력이 아니다. 질문의 방향을 설계하고, 답변의 기준을 판단하며, 맥락을 스스로 구성하는 힘이다. AI가 제안한 정보를 곧이곧대로 받아들인다면, 그것은 학습이 아니라 기계적인 반복에 불과하다. 진짜 리터러시는 읽는 힘이 아니라 판단하는 감각이기 때문이다.

달리 표현하면, 기술은 유용하지만 그 결과를 맹신하면 오히려 위험해질 수 있다. AI가 추천한 소비 습관이나 자동으로 짜인 포트폴리오, 맞춤형 대출 한도는 사전에 설정된 논리와 관점이 반영된 결과물에 불과하다. 우리는 그 관점과 기준을 해석할 줄 알아야 한다.

특히 2030 세대에게 금융 서비스는 계획(Plan)보다 반응(Response)에 가깝다. 예적금처럼 미리 준비하는 방식보다는, 월급이 들어오자마자 펀드나 코인에 투자하는 즉흥적이고 감각적인 선택이 더 많이 나타난다. 이런 행태가 잘못됐다고 단정할 수는 없다. 지금의 금융 환경 자체가 실시간으로 반응하도록 설계되어 있고, 즉각적인 선택을 요구하는 시스템에 가까워졌기 때문이다.

지금 우리에게 필요한 것은 단순히 더 많은 금융 지식이 아니다. '왜 이런 추천이 나에게 왔는가', '어떤 기준으로 내가 분류된 것인가'를 파악하려는 태도다. AI 시대의 금융은 정보를 얼마나 빨리 찾느냐보다, 그 정보를 어떻게 해석하고 의심하느냐에 따라 방향이 달라진다. 결국 금융 리터러시는 선택이 아니라, 이 시대의 생존을 위한 감각이 되어 가고 있다.

그런데 문제는, 모두가 같은 출발선에서 이 감각을 갖추고 있는 건 아니라는 점이다. 금융은 더 이상 전문가만의 영역은 아니지만, 구조를 읽는 힘에 따라 유리한 위치는 분명 갈린다. 같은 서비스를 이용해도 누군가는 흐름을 파악하고, 누군가는 그 흐름에 휩쓸린다. 리터러시가 바로 그 차이를 만든다.

이 책은 그런 감각을 깨우기 위한 지도다. 금융을 해석하는 기술, 기술을 이해하고 활용하려는 이용자, 이용자의 선택이 쌓여 만든 생활 등, 이 모든 것을 AI라는 렌즈로 함께 읽어 보고자 한다. 정보가 넘쳐나는 시대다. 잊지 말아야 할 것은, 그 정보가 당신의 것이 되도록 해석하는 방법을 아는 일이다.

AI, 알고리즘, 블록체인… 금융을 설계하는 새로운 도구들

과거의 금융은 전문가 중심이었다. 금융 기관이 상품을 설계하면, 대부분의 고객은 그 안에서 선택하는 방식이 일반적이었다. 그러나 지금은 위험을 평가하고 수익을 예측하며, 신뢰를 형성하는 역할까지 점차 자동화된 시스템으로 옮겨 가고 있다. 방대한 데이터를 분석하는 알고리즘은 예측과 분류를 수행하고, 생성형 AI는 복잡한 정보를 이해하기 쉬운 형태로 요약해 낸다. 한때 조력자였던 기술은 이제, 금융 판단의 중심으로 자리 잡고 있다.

이 변화는 소비자의 금융 생활을 더 편리하게 만드는 데 그치지 않는다. 금융의 작동 원리 자체를, 기술 중심으로 근본부터 다시 짜고 있다. 예컨대 계약은 더 이상 서류에 의존하지 않고, 스마트 계약이라는 코드로 자동 실행된다. 거래의 진위 역시 중앙 기관이 아니라, 분산된 블록체인 네트워크를 통해 검증된다. 이렇게 금융은 사람의 손에서 점차 기술이 이끄는 체계로 옮겨 가고 있다.

이런 구조 속에서 금융의 결과는 개인마다 다르게 주어진다. 같은 상품을 이용하더라도, 어떤 이에게는 유리한 조건이 제시되고, 다른 이에게는 그렇지 않다. 이러한 차이는 시스템이 무엇을 학습했는지, 그리고 그 기준이 누구에 의해 설정되었는지에 따라 달라진다. 겉으로는 정밀해 보이지만, 기술의 판단 안에는 여전히 사람이 만든 가치와 조건이 스며 있다.

이처럼 기술이 판단을 수행하는 시대에도, 감정은 배

제되었지만 예측은 인간을 향한다. 알고리즘은 중립적으로 작동하는 것처럼 보이지만, 학습된 데이터에 따라 얼마든지 편향될 수 있다. 블록체인은 투명성을 약속하지만, 그 복잡함은 이해하지 못하는 이들에게 오히려 장벽으로 작용한다. 결국 기술은 인간의 판단을 대체하는 것이 아니라, 그 판단에 영향을 주는 새로운 조건을 만들어 낸다.

특히 토큰 기반 금융이나 탈중앙화 서비스는 겉보기엔 누구에게나 열려 있지만, 배경지식 없이는 그 구조를 이해하기 어렵다. 숫자와 그래픽으로 구성된 화면은 직관적이지만, 그 안에는 복잡한 설계 논리가 숨어 있다. 접근 자체는 쉬워졌지만, 의미를 해석하고 판단하는 일은 여전히 어렵다. 결국 기술의 개방성이 곧바로 이해의 평등을 보장하지는 않는다.

생성형 AI도 예외는 아니다. 같은 질문을 던져도 사용자마다 전혀 다른 응답을 받게 되고, 그 의미는 각자의 해석에 달려 있다. 빠르고 간결한 답변은 유용하지만, 질문의 맥락이나 의도를 제대로 반영하지 못하면 오히려 판단을 흐릴 수 있다. 기술이 판단을 흉내 내는 건 가능하지만, 그로 인한 결과의 책임까지 대신할 수는 없다.

오늘날 금융은 무엇을 소유하느냐보다 어떤 구조에

참여하고 있느냐가 더 중요해졌다. 기술은 자산의 유통 경로나 관리 방식, 수익 배분까지 통째로 재구성하며, 사용자 경험의 이면에서는 알고리즘이 끊임없이 분류하고 계산한다. 데이터는 금융을 움직이는 핵심 언어가 되었고, 그 정밀함은 새로운 복잡성과 보이지 않는 질서를 함께 만들어 낸다. 결과가 명확해 보일지라도 그 과정을 이해하지 못하면 신뢰는 의존으로, 예측은 오해로 바뀔 수 있다.

이럴수록 우리에게 필요한 것은 기술에 대한 맹신이 아니라, 기술이 만들어 낸 구조를 끊임없이 질문하는 감각이다. 알고리즘이 왜 그런 판단을 내렸는지, 이 시스템은 누구의 이익을 중심으로 작동하는지를 물어야 한다. 이는 기술을 부정하자는 말이 아니다. 기술의 문법을 이해해야, 비로소 우리가 그 안에서 주체로 설 수 있기 때문이다.

이 책은 기술 자체를 설명하지 않는다. 대신 기술이 금융의 구조를 어떻게 바꾸었는지, 그리고 그 변화가 어떤 결과를 낳고 있는지를 보여 준다. AI와 블록체인이 만들어 낸 디지털 금융의 무대에서, 우리는 어떤 질문을 던지고 어떤 선택을 해야 하는가. 그것이 바로 이 책이 던지는 가장 근본적인 물음이다.

플랫폼에서 토큰까지, 우리가 주체가 되어야 하는 이유

디지털 금융 플랫폼은 더 이상 단순한 중개자에 머무르지 않는다. 거대 플랫폼들은 금융을 매개로 다시 한번 일상의 인프라를 장악하고 있다. 네이버, 카카오, 쿠팡은 각각 대출, 보험, 결제 영역을 넘나들며 소비자 경험을 재구성한다. 이들 기업은 사용자의 행동 데이터를 수집하고, 이를 바탕으로 상품을 추천하며, 그 결과를 다시 서비스에 반영한다. 겉으로는 소비자 중심의 구조처럼 보이지만, 실제로는 플랫폼 제공자의 의도에 따라 정교하게 설계된 체계로 변해 가고 있다.

기술이 모든 변화의 주역처럼 보이지만, 실상은 금융의 구조 자체가 달라졌다. 소비자들은 선택지가 늘어났다고 느끼지만, 그 선택은 이미 알고리즘이 설계한 경로 안에 있다. 자유롭게 고르는 것처럼 보이지만, 그 자유는 허용된 범위 내에서만 작동한다. 편리함이 커질수록 선택은 더 자동화되고, 결과적으로 누군가의 통제도 훨씬 정교해진다.

금융은 이제 일상에서 떼어놓고 생각할 수 없는 영역이 되었다. 우리는 쇼핑을 하면서, 메시지를 주고받으면서, 검색을 하는 순간에도 금융 안에 있다. 예금, 대출,

투자, 보험은 플랫폼 위에서 재조합되고, 그 과정에서 생성되는 데이터는 하나의 자산이 된다. 소비자는 그 데이터를 만들어 내는 동시에, 그것으로 평가받는 존재다.

이처럼 금융은 디지털 경제라는 더 큰 구조 안에서 작동한다. 디지털 경제는 생산과 소비, 관계와 가치가 모두 연결되는 환경이며, 금융은 그 연결을 지속하는 동력이다. 데이터는 그 안에서 유통되는 새로운 통화이며, 기술은 그 흐름의 문법을 결정하는 실질적 설계자다.

스테이블코인, 디파이, 토큰증권 같은 새로운 금융 단위들이 빠르게 등장하고 있다. 이들은 기존 금융 질서와는 다른 속도와 논리를 갖는다. 계약은 코드로, 자산은 토큰으로, 거래는 블록체인상에서 실시간으로 이뤄진다. 기술은 금융을 더 빠르게 만들었지만, 그만큼 더 복잡하고 비가시적인 구조로 변화했다.

문제는 이러한 변화가 제도적으로 충분히 따라가지 못하고 있다는 점이다. 규제의 공백은 정보 비대칭을 심화하고, 소비자의 판단을 더욱 어렵게 만든다. 선택지는 많아 보이지만, 실상은 구조를 이해하지 못한 채 따라가는 경우가 대부분이다. 이런 상황에서 소비자 위험은 커질 수밖에 없으며, 바로 그렇기 때문에 제도화의 역할이 절실해진다.

AI는 이 새로운 금융 질서 안에서 소비자의 행동을 예측하고, 맞춤형 결정을 제시한다. 어떤 상품을 고를지, 언제 어떤 포트폴리오를 구성할지를 기술이 먼저 판단한다. 겉으로 보기엔 금융의 민주화처럼 보이지만, 실상은 개인의 판단력이 점점 기술에 위임되는 흐름이다. 자동화는 분명 편리하지만, 동시에 인간의 해석 능력을 점차 마모시킨다.

우리가 주체가 되어야 하는 이유는 명확하다. 금융이 이제 숫자나 지식이 아니라, 삶의 리듬 그 자체가 되었기 때문이다. 누군가 대신 설계한 세계일수록, 나만의 기준은 더욱 단단해야 한다.

주체가 된다는 것은 기술을 단순히 소비하는 것이 아니라, 그 구조를 해석하려는 태도를 갖는 일이다. 익숙함은 습관을 만들지만, 이해는 선택을 만든다. 자동성과 효율성의 흐름 속에서도, 스스로 방향을 잃지 않는 감각이 중요하다. 판단하지 않은 참여는 결국 기술에 종속된 소비로 끝난다.

이 책은 금융 기술을 소개하는 설명서가 아니다. 기술과 금융이 결합된 세계 속에서, 개인이 어떤 질문을 던져야 하는지를 함께 고민하기 위해 쓰였다. 플랫폼에서 토큰까지, 도구는 점점 많아지고 있지만 중요한 것은 그것을 어떻게 사용하는가이다. 주체란, 질문을 멈추지 않는 사람이다.

'슬기로운 금융 생활'이란 무엇인가

슬기롭다는 것은 단지 똑똑하거나 많이 아는 것을 뜻하지 않는다. 정보가 많다고 해서 반드시 통찰력이 생기는 것도 아니다. 슬기로운 태도란 모든 것을 알지 못해도 핵심을 가려낼 줄 아는 감각에서 비롯된다. 변화에 흔들리지 않되, 변화의 방향을 민감하게 읽는 사람을 우리는 슬기롭다고 말한다.

요즘 금융은 너무 빠르게 움직인다. 기술은 매일 새로운 기능을 쏟아내고, 플랫폼은 선택지를 과잉 생산한다. 소비자는 늘 다음 결정을 강요받지만, 정작 그 선택의 기준은 스스로 세워야 한다. 슬기로운 금융 생활이란 바로 그런 흐름 속에서 나만의 리듬을 지키는 일이다.

이 책은 그 리듬을 찾기 위한 여정이다. AI는 추천하고, 알고리즘은 분류하며, 블록체인은 신뢰를 재구성하는 시대에 최신보다 중요한 건 본질이고, 속도보다 소중한 건 방향이다. 기술이 설계한 세계에서 삶의 균형을 지키는 법을 함께 고민하고자 한다.

슬기로운 금융 생활은 현실 감각과 미래 감각을 동시

에 요구한다. 이자율을 따지는 눈과 내 데이터가 어떻게 사용되는지를 감지하는 귀, 눈앞의 수치에만 몰두하지 않고 그 수치를 만든 구조까지 짚어 보는 자세. 이런 복합적인 감각이 슬기로움을 이룬다.

그렇다고 완벽한 이해를 요구하지는 않는다. 누구도 모든 걸 알 수는 없지만, 의심하고 해석하는 태도는 누구나 가질 수 있다. "왜 이 상품이 나에게 추천되었는가", "이 상품은 누구에게 유리한가"를 묻는 순간, 소비자는 정보를 넘어 질문하는 존재가 된다. 그런 의미에서 금융은 정보가 아니라 질문의 대상이다.

슬기로운 금융 생활은 전략이 아니라 자세다. 리스크를 피하는 것이 아니라, 그것을 인식하고 감당할 수 있는 힘이다. 모든 결정을 직접 내리겠다는 독선이 아니라, 어떤 결정을 받아들일 것인지 고르는 기준이다. 불확실한 시대일수록 정답보다 균형이 필요하다.

이 책은 도구를 가르치지 않는다. 대신 도구에 휘둘리지 않는 감각과 구조를 읽는 시선, 선택을 보류할 수 있는 거리감을 이야기한다. 자동화된 세계에서 필요한 건 정보의 양이 아니라 생각의 깊이다. 슬기로운 금융 생활은 그 깊이를 잃지 않으려는 끈기에서 비롯된다.

그래서 이 책은 팁을 나열하지 않는다. 대신 열 가지

주제를 통해 기술과 금융이 얽힌 구조를 하나씩 들여다본다. 단순한 사용법이 아니라, 해석법과 판단의 언어를 익히는 훈련이다. 기술이 제공하는 빠른 길 대신, 이해가 주는 깊은 길을 택한 것이다.

슬기로운 금융 생활이란 결국, 자신이 어떤 흐름 안에 놓여 있는지를 감지하는 능력이다. 정해진 경로를 그대로 따르지 않고, 그 경로가 어떻게 만들어졌는지를 물어볼 수 있는 용기다. 모두가 같은 플랫폼을 쓰더라도, 누구나 같은 선택을 할 필요는 없다. 그 감각이야말로 AI 시대의 금융 문법이 시작되는 자리다.

아이템 선정 기준; 확산성, 민감성, 응용력

이 책은 정보를 나열하지 않는다. 빠르게 진화하는 금융 환경 속에서 지금, 무엇이 정말 중요한지를 묻는 데서 출발했다. 이 책은 'AI와 슬기로운 금융 생활'이라는 축 위에서, 실제적인 10개의 장면을 추려냈다.

기준은 세 가지다. 확산성, 민감성, 응용력. 이 세 기준은 이 책의 구성 원칙이자, 독자의 시간을 설계하는 프레임이다. 확산성은 특정 기술이 어디까지 우리의 삶에 스며들었는지를 묻는다. 챗GPT처럼 누구나 쓰는 AI, 수백만 명이 접속하는 투자 앱, 지갑이 아닌 네트워크에 존재하는 디지털 자산 등, 이 책은 먼 미래가 아닌 직면하고 있는 현재 장면에서 시작한다.

민감성은 익숙함 속에 감춰진 균열을 감지하는 힘이다. AI 신용 평가의 공정성, 알고리즘의 편향, 블록체인의 신뢰 구조는 단순한 기능이 아니라 제도와 윤리, 그리고 인간성에 대한 질문을 품고 있다. 불편함을 감지하는 감각이야말로 우리가 놓치고 있는 진실과 맞물린 출발점이다.

응용력은 통찰이 행동으로 이어지는지에 대한 물음이다. 투자, 소비, 데이터 활용처럼 일상적 선택에 영향을 줄 수 없는 인사이트(Insight)라면 그것은 아직 '내 것'이 아니다. 이 책이 말하는 '슬기로움'은 지식을 아는 것이 아니라, 그것을 움직임으로 전환하는 힘이다.

각 장은 독립적이지만 유기적으로 연결된다. 추천 알고리즘을 이해하는 일이 신용 구조로, 블록체인의 신뢰 설계는 자산 판단의 기준으로 이어진다. 하나의 기술은 하나의 기능으로 끝나지 않는다. 우리는 이 기술들을 통해 금융이라는 구조의 언어를 다시 배워야 한다.

이 책은 기술을 다루지만 기술 설명서가 아니다. 기능보다 그것이 만들어진 맥락과 기술에 담긴 시선을 추적한다. 정답을 주기보다는 시야를 넓히고, 예측보다 해석의 여지를 남긴다. 기술이 투명해질수록, 그 너머를 보는 눈은 더 절실해진다.

10개의 키워드는 정보와 통찰, 개념과 사례를 엮되, 어느 하나에 치우치지 않도록 구성했다. 어려운 개념은 단순하게, 쉬운 이야기는 가볍지 않게 풀어냈다. 기술의 언어는 낯설 수 있지만, 그것이 작동하는 방식만큼은 명료해야 한다. 독자는 이 책을 통해 기술보다 자신의 선택을 더 깊이 들여다보게 될 것이다.

나는 책을 쓰며 자주 되물었다. 무엇이 금융을 바꾸고 있는지, 그리고 그 변화 속에서 우리는 무엇을 놓치고 있는지. 각 장은 그 질문에 대한 작지만 집요한 응답이자, 또 다른 질문으로 향하는 열린 문장이다. 정답이 아니라, 질문의 방향으로 완성되는 문법－그것이 AI 시대의 금융 문법이다.

참고문헌

금융위원회(2022.8). "금융권 인공지능(AI) 활용 활성화 및 신뢰확보 방안". https://www.fsc.go.kr/comm/getFile?fileNo=8&fileTy=ATTACH&srvcId=BBSTY1&upperNo=78235

김태헌(2024). 《금융 AI의 이해》. 제이펍.

삼정KPMG(2024.5). 혁신의 부스터 AI에 물드는 금융.

https://assets.kpmg.com/content/dam/kpmg/kr/pdf/2024/business-focus/kpmg-korea-bf-AI-in-financial-services-20240520.pdf

송민택(2024.11.4). [송민택 교수의 핀테크 4.0] 생성형 AI 진화와 금융 서비스 혁신. 《전자신문》, https://www.etnews.com/20241104000153

씨익북스 편집부(2025). 《AI로 혁신하는 금융: FinTech의 미래》. 씨익북스.

OECD(2023). Generative artificial intelligence in finance. *OECD Artificial Intelligence papers,* https://www.oecd.org/en/publications/generative-artificial-intelligence-in-finance_ac7149cc-en.html

OECD(2024). Artificial Intelligence (AI) in finance. *OECD Artificial Intelligence papers,* https://www.oecd.org/en/topics/sub-issues/digital-finance/artificial-intelligence-in-finance.html

World Economic Forum & Accenture(2025.1). *Artificial Intelligence in Financial Services*, WEF White Paper. https://reports.weforum.org/docs/WEF_Artificial_Intelligence_in_Financial_Services_2025.pdf

01
생성형 AI와 금융 리터러시

금융은 이제 '아는 사람'의 것이 아니라 '묻는 사람'의 시대가 되었다. 생성형 AI는 질문의 문턱을 낮추고, 정보의 진입 장벽을 허문다. 누구나 자신의 언어로 경제를 해석하고, 스스로 금융을 설계할 수 있게 된 지금, 리터러시란 더 이상 지식을 쌓는 일이 아니라 '이해하는 방식'을 선택하는 일이다.

AI와 1인 창업?

누구나 금융을 묻는 시대, 생성형 AI의 문을 열다

생성형 AI는 금융과 소비자의 거리감을 눈에 띄게 줄여 주고 있다. 과거엔 증권사 리포트나 전문가 칼럼을 뒤져야 겨우 이해할 수 있던 내용도 이제는 누구나 AI에게 질문할 수 있게 되었다. 복잡한 용어나 시장 구조도 대화하듯 묻고 배우는 것이 가능해진 시대다. 이 흐름은 금융 지식의 보편화를 넘어, 일상의 습관까지 다시 쓰고 있다.

챗GPT 같은 인터페이스는 금융 입문을 위한 문턱을 사실상 없애 버렸다. 재테크, 대출, 보험, 연금 등 이전엔 검색조차 막막했던 주제들이 더는 어렵게 느껴지지 않는다. 중요한 건 이해의 수준이 아니라, 이해 가능한 구조가 만들어졌다는 점이다. 특히 엠지(MZ)세대는 금융을 그대로 받아들이는 것이 아니라 스스로 정의하며 접근하기 시작했다.

질문과 답 사이에서 맥락을 짚어 주는 인터페이스는 연결된 정보를 토대로 사고의 방향까지 제시한다. 사용자의 의도를 읽고, 그에 맞는 해석을 제공하는 능력은 기존의 포털 검색과는 전혀 다른 차원에서 작동한다. 정보 탐색은 더 이상 단편적 검색이 아니라 의미를 재구성하는 일이 되었다. 소비자는 이제 질문하고 비교하고 판단하는 존재로 거듭난다.

한때 금융은 배운 사람만 다룰 수 있는 영역처럼 여겨졌다. 그러나 지금은 오히려 제대로 묻는 사람이 금융에 강한 시대다. AI는 데이터가 아니라 대화 속에서 핵심을 끌어내는 훈련을 통해 정보를 최적화한다. 그 과정에서 사용자도 점점 '좋은 질문을 하는 법'을 배우게 된다. 학습이 아닌 실전의 감각이 금융 이해력을 키우고 있다.

금융사들은 이런 흐름을 더는 외면할 수 없게 되었다. 일부 은행과 핀테크 기업은 이미 고객 상담에 생성형 AI를 접목하고 있다. 사용자는 앱 안에서 자연어로 대출 조건을 비교하거나 예금 금리를 직접 물을 수 있게 되었다. AI는 금융의 게이트키퍼(Gate-keeper)가 아니라, 누구나 드나들 수 있는 열린 입구가 된 셈이다.

최근 MZ세대는 챗GPT를 활용해 전세 자금 대출이나 보험 상품 가입을 직접 계획한다고 한다. 그들은 인터넷 카페나 커뮤니티 대신, 필요한 질문을 AI에게 단계별로 던지고 한도, 금리, 보증 기관 정보까지 손쉽게 정리해 낸다. 어디에도 없던 나만의 금융 비서라는 표현은 이 세대가 느끼는 변화의 진폭을 보여 준다. 기술은 정보를 주는 것이 아니라, 해석을 가능하게 하는 구조를 제공한다.

AI는 단편 정보보다는 맥락을 이해하고 요약하는 데

더 강점을 보인다. "ETF가 뭐야?"라는 질문에서 그치지 않고 "내 월급으로 어떤 ETF를 선택할 수 있을까?"로 이어지는 확장이 가능하다. 이 같은 문맥 중심의 정보 탐색은 AI가 제공하는 독특한 학습 경험이다. 지식은 이제 나열이 아니라 연결의 문제다.

정보 접근의 양극화 문제는 점차 새로운 양상으로 전환되고 있다. 과거엔 정보가 있어도 해석하는 능력이 부족해 활용하지 못하는 경우가 많았다. 이제는 해석 능력 자체가 AI를 통해 일정 부분 보완될 수 있다. 디지털 해석력이 금융 리터러시의 또 다른 이름이 되고 있다.

하지만 이 도구는 쓰는 사람에 따라 전혀 다른 결과를 만든다. 같은 질문도 어떻게 묻느냐에 따라 AI의 반응은 달라지게 마련이다. 결국 중요한 건 기술보다 질문하는 소비자의 태도다. 금융을 묻는 능력, 그 자체가 미래의 자산이 된다.

정답 없는 시대, 금융을 다시 배우다

이제 금융을 배운다는 것은 정해진 교과 과정을 따라가는 일이 아니다. 생성형 AI는 사람마다 다른 질문을 중심으로 지식의 구조를 다시 짜고 있다. 표준화된 답을 외우는 방식은 점점 자리를 잃고, 지식을 다루는 태도 자체가 상호작용의 방식으로 진화하고 있다. 중요한 것은 정답보다도, 자신에게 맞는 해석을 찾는 감각이다.

과거의 금융 교육은 소수에게만 열려 있었다. 학교나 기업 연수를 통해 진행되었지만, 대다수는 일상에서 감각적으로 금융을 익혀야 했다. 지금은 다르다. AI는 사용자의 경제적 조건과 목표를 반영해 정보를 개인화하고, 그에 따라 학습의 출발점도 달라진다. 정답을 가르치는 교사보다, 조건을 이해하는 조력자에 가깝다.

실제 많은 소비자들이 이제 일상에서 AI를 통해 금융을 익힌다. 생활비 조정, 중고차 할부 계산, 신용 카드 혜택 비교 같은 질문들이 학습의 출발점이 된다. 이처럼 학습은 개념에서 출발하는 것이 아니라, 생활에서 출발한다. 금융은 교실이 아닌 가계부 안에서 익혀지는 생존의 기술이 되었다.

AI는 단지 정보를 제공하는 데 그치지 않는다. 초보자에게는 개념을 쉽게 풀어 주고, 경험자에게는 리스크 비교나 구조적 차이를 분석해 보여 준다. 정형화된 강의 대신, 사용자의 이해 수준에 맞춰 반응하는 대화형 학습이 이루어진다. 그 결과, 금융은 '설명을 받는 대상'이 아니라 '함께 해석해 나가는 구조'로 바뀌고 있다.

예컨대 결혼을 앞둔 청년이 AI에게 신혼 부부 특별 공급 자격과 청약 통장 활용법을 물었을 때, AI는 조건 비교와 시뮬레이션을 통해 실질적인 선택지를 보여 준다. 이러한 과정은 정보 전달을 넘어, 판단력을 훈련하는 장치가 된다. 학습이란 더 이상 정답을 암기하는 일이 아니라, 맥락을 조율하는 능력으로 옮겨 가고 있다.

이런 변화는 교육의 형식만이 아니라, 교육을 바라보는 철학 자체를 바꾸고 있다. 금융 리터러시란 '얼마나 알고 있는가'가 아니라 '필요할 때 어떻게 해석할 수 있는가'의 문제로 이동한다. AI는 모든 것을 아는 존재가 아니라, 해석의 경로를 안내하는 내비게이션이다. 중요한 건 정보를 찾는 능력이 아니라, 방향을 감각적으로 판단하는 힘이다.

물론, 이런 구조에도 한계는 있다. AI는 완전하지 않으며, 틀리거나 과도하게 단순화된 답을 줄 수도 있다. 따라서 AI 기반 학습에는 질문하는 힘만큼이나, 걸러내는 눈이 필요하다. 기술을 신뢰하되 맹신하지 않는 감각, 그것이 오늘날의 금융 리터러시다.

결국 금융 교육의 미래는 인간과 기술의 협력에 달려 있다. 교사는 사라지지 않는다. 다만 AI가 교사 옆에 앉는 시대가 열리는 것이다. 더는 정답을 가르치는 것이 아니라, 사고를 유도하는 교육이 필요한 시점이다. 교과서는 없어질 수 있어도, 배우려는 질문은 계속 남는다.

정보의 바다에서 길을 찾다, 디지털 리터러시의 재정의

우리는 정보가 넘치는 시대에 살고 있다. 그러나 정보의 과잉은 곧 혼란으로 이어진다. 아는 듯하지만 정작 정확히 아는 것이 없는 상태, 그것이 지금의 디지털 금융 환경이다. 문제는 어디를 향해야 할지 방향이 보이지 않는데 있다.

이 혼란 속에서 생성형 AI는 하나의 나침반처럼 작동한다. 하지만 그 나침반이 가리키는 것은 진실이 아니라 가능한 경로다. AI가 제시하는 답변은 언제나 해석 가능한 설명이며, 그것을 수용하는 사용자에게는 판단의 몫이 남겨진다. 리터러시란 바로 이 판단을 가능하게 하는 감각이다.

디지털 리터러시는 더 이상 정보를 찾는 기술이 아니다. 쏟아지는 정보 속에서 무엇이 의미 있는지 구별해 내는 힘, 연결의 흐름 속에서 핵심을 추려내는 능력이다. 특히 금융에서는 이 감각이 자산을 지키는 일차적인 방어선이 된다. 결국 우리가 던지는 질문도 "무엇이 맞는가"보다는 "무엇이 나에게 적합한가"로 바뀌고 있다.

예컨대, 챗GPT는 "변액 보험이 좋은가요?"라는 질문에 단 하나의 답을 주지 않는다. 대신 위험 선호도, 가입 목적, 시장 상황에 따라 다양한 가능성을 안내한다. 판단은 여전히 인간의 몫이다. AI는 해답을 주는 존재가 아니라, 판단의 도우미일 뿐이다.

이처럼 AI의 응답은 종착지가 아니라 방향이다. 그리고 그 방향을 어떻게 이해하고 해석하느냐가 오늘날 리터러시의 핵심이 된다. 단편적인 정보 습득은 오히려 판단을 흐릴 수 있다. 중요한 것은 전체 맥락 속에서 의미를 조망하는 통찰이다.

그러나 여전히 일부 소비자들은 AI의 답변을 절대적 기준처럼 받아들인다. 이는 기술에 대한 신뢰라기보다, 판단을 유보하려는 심리에 가깝다. 하지만 금융은 판단을 미루는 순간 가장 큰 리스크가 되는 영역이다. 기술이 똑똑해질수록, 오히려 인간의 해석력은 더 절실해진다.

실제로 AI는 때때로 존재하지 않는 정보를 매우 그럴듯하게 말한다. 이를 환각(Hallucination) 현상이라 부르며, 특정 수치를 단정하거나 가상의 금융 상품을 제시하는 사례도 있다. 판단 없이 AI를 신뢰하는 태도는 오히려 리스크를 키운다.

그렇다면 우리는 어떤 금융 소비자로 진화해야 할까.

정보의 홍수 속에서 필요한 것은 빠른 선택이 아니라 느린 해석이다. 한발 물러서서 AI가 제시한 가능성을 입체적으로 조망할 수 있는 능력. 그것이 진짜 'AI 시대의 금융 지성'이다.

디지털 리터러시는 이제 읽는 힘에서 구별하는 힘으로 이동 중이다. 정보는 넘쳐나고 기술은 도움을 주지만, 선택은 인간의 몫이다. 결국 리터러시란 정보를 많이 아는 것이 아니라, 나만의 조건 안에서 최선의 해법을 구성할 수 있는 역량이다.

참고문헌

박소정(2024.3). 디지털 금융이해력(Digital Financial Literacy)에 관한 연구. 보험연구원, https://www.kiri.or.kr/report/reportList.do?docId=490939&catId=4

송민택(2024.4.8). [송민택 교수의 핀테크 4.0] 금융권의 생성형AI와 활용 과제. 《전자신문》, https://www.etnews.com/20240408000074

한국금융신문(2024.6.3). "[데스크칼럼] 금융의 판을 흔드는 생성형 AI". https://www.fntimes.com/html/view.php?ud=202405241444417605f09e13944d_18

Fintech.Global(2024.11.25). How AI and enhanced financial education are reshaping wealth management, https://fintech.global/2024/11/25/how-ai-and-enhanced-financial-education-are-reshaping-wealth-management

Frees, D., et al.(2024.5). Quantifying the causal effect of financial literacy courses on financial health, https://arxiv.org/abs/2405.01789

02
디지털 머니와 AI 지급 시스템

돈이 손끝을 떠난 지 오래다. 그 흐름은 코드로 쓰이고, 알고리즘 위에서 속도를 낸다. 이제 결제는 한 번의 클릭이 아니라, 보이지 않는 예측과 검증의 연속이다. AI는 우리가 돈을 쓰는 방식을 넘어, 어떻게 쓸지를 먼저 알고 기다리고 있다.

AI와 MBTI?

돈은 기술이 아니라 알고리즘이 움직인다

결제는 어느새 눈에 띄지 않는 일이 되었다. 우리는 더 이상 지갑을 열지 않고, 핀(PIN) 번호를 누르지 않아도 된다. 이 모든 과정은 화면 너머의 시스템이 자동으로 처리하고 있기 때문이다. 그리고 그 자동화는 단순한 기술 적용이 아니라, 구조화된 판단의 결과에 의해 이루어진다.

AI는 결제를 지시와 승인으로 끝나는 하나의 행위로만 받아들이지 않는다. 누가, 언제, 어디서, 무엇을 구매했는지 하나의 이야기처럼 읽어 내며, 결제 행위 전체를 흐름 속에서 해석한다. 동일한 금액과 동일한 방식에 의해 이루어진 결제라도, 어떤 맥락에서 일어났느냐에 따라 신뢰의 정도와 리스크는 전혀 다르게 평가된다. 이처럼 우리는 단순히 금액을 지불했을 뿐이지만, AI는 그 안에서 의도를 추론한다.

알고리즘의 이면에는 복잡한 연산이 숨어 있다. 금액, 거래처, 빈도, 기기 정보 등 수십 가지 요소를 동시다발적으로 계산한다. 각각의 정보는 정상 거래와 이상 거래를 가르는 판단 기준이 되기도 하고, 고객을 더 깊이 이해하기 위한 마케팅 자산이 되기도 한다. 소비자는 카드를 내밀었을 뿐이지만 AI는 그 짧은 동작 속에서 수많은 의미를 포착하는 것이다.

실제로 AI는 우리가 예상하지 못한 장면에서 작동한다. 예를 들어, 평소 저녁 시간에 동네 카페를 이용하던 사람이 어느 날 새벽, 해외 아이피(IP)로 결제를 시도했다고 가정해 보자. 이때 AI는 정상적인 패턴에서 벗어난 흐름을 감지하고 즉시 위험 신호를 인식한다. 이어지는 반응은 빠르다. 거래를 일시 중단하거나, 추가 인증 또는 다단계 확인을 요구한다. 이 모든 판단과 조치는 불과 몇 초 사이에 자동으로 이뤄진다.

이러한 시스템의 목적은 단지 빠르게 처리하는 데 있지 않다. 핵심은, 위험을 사전에 감지하면서도 사용자의 흐름을 방해하지 않는 것이다. AI는 리스크를 걸러내는 동시에, 부드럽고 끊어짐 없는 소비자 경험을 유지하려 한다. 결과적으로 AI는 리스크를 차단하면서도 사용자에게 그 사실을 느끼게 하지 않는다. 그래서 중요한 건 기술이 아니라, 신뢰다.

지금 결제 기업들은 이미 AI 기반 자동 판단 시스템을 실무에 적극 도입하고 있다. 한 글로벌 카드사는 해당 시스템 도입 후 승인율이 상승했고, 사기 탐지 정확도는 두 배 이상 향상됐다고 한다. 기술 도입의 목적은 명확하다. 결제 과정의 정밀도를 높이고 그 과정을 통해 수익성과 보안성을 함께 끌어올리는 것이다.

디지털 머니의 진화는 처리 능력보다 해석 능력에 달려 있다. AI는 과거의 데이터를 기억하고 학습해, 미래의 결제 행동을 예측한다. 이 예측은 편리함을 위한 것이 아니라 시스템 전체의 안정성을 위한 장치다. 돈은 더 이상 현재의 명령으로만 움직이지 않는다. 그 흐름은 미래를 향해 있다.

사용자 입장에서는 이 변화가 잘 드러나지 않는다. 그러나 정기 결제일이 다가오기 전에 미리 알림을 보내는 AI나, 소비자의 카드 사용 패턴에 따라 결제 유예를 제안하는 시스템이 등장한 지는 오래다. AI는 사용자의 결제를 처리하는 것이 아니라, 예상하고 관리하는 주체가 되고 있다.

이제 결제는 인간의 행위라기보다 시스템의 반응으로 이해되어야 한다. 우리는 카드를 단말기에 태그하거나 스마트폰 화면의 '결제하기' 버튼을 누르며 스스로 선택했다고 믿는다. 그러나 AI는 그보다 한발 앞서 다음 행동을 예측하고 있다. 기술이 읽어 낸 맥락의 결과다. 그리고 그 맥락을 읽는 능력이야말로 오늘날 돈을 움직이는 진짜 힘이다.

결제를 조율하는 AI

결제 버튼을 누르는 순간, 시스템은 단순히 승인 여부만 판단하지 않는다. 동시에 수십 개의 조건을 분석하고, 그 흐름 전체를 정밀하게 최적화한다. 동일한 결제라도 시간, 위치, 기기 정보, 사용자의 이전 이력에 따라 처리 경로는 달라진다. AI는 이 모든 변수를 실시간으로 조합해 가장 효율적인 결제 시나리오를 그려 낸다.

지금 시스템은 더 이상 고정된 절차가 아니다. 사용자마다 다르고, 상황에 따라 유동적으로 변형된다. 오랜 고객은 인증 단계를 생략하고, 신규 이용자는 추가 확인을 거치기도 한다. 익숙한 환경에서는 속도를 높이고, 이례적인 조건에서는 속도를 늦춘다. 이 복잡한 분기점들을 하나의 유기적인 흐름으로 엮는 것이 AI의 역할이다.

AI는 결제 행동을 지속적으로 축적하고, 그 안에서 사용자의 습관을 학습한다. 평소와 다른 구매 시도나 예상치 못한 시간대의 결제는 곧장 '이상 징후'로 감지된다. 가령, 특정 앱에서 주로 주말 저녁에 결제하던 사용자가 갑자기 새벽에 고액을 시도하면, AI는 승인 순서를 늦추거나 추가 인증을 유도한다. 이는 미리 짜인 규칙이 아니라 맥락에 반응하는 시스템이다.

결제 흐름이 이처럼 반응형이 되면서 기업들은 이를 전략의 무대로 보기 시작했다. 단순한 보안 기술이 아니라, 사용자 경험을 설계하고 수익률과 리스크의 균형을 맞추는 인프라로 기능한다. 결제 경로의 전환점마다 수수료 정책, 승인 기준, 정산 구조까지 달라지는 이유가 여기에 있다.

핵심은 빠른 승인 그 자체가 아니다. 어떤 거래를 우선 처리하고, 어떤 경로를 단축할 것인지, 그 기준을 얼마나 정교하게 구성하느냐가 중요하다. 과거에는 모든 거래가 동일한 조건에서 처리되었지만, 지금은 고객 등급, 거래 신뢰도, 서비스 목적에 따라 동적으로 달라진다.

AI는 실시간 규칙 엔진처럼 작동한다. 수천 가지 요인 중 어떤 것이 우선순위인지 판단하고, 그에 따라 처리 방향을 즉각 전환한다. 그 결과 승인율은 상승하고, 사기 탐지의 정확도는 높아지며, 전체 결제 품질이 향상된다. 기술이 아니라 정교한 전략이 만들어 낸 결과다.

실제로 결제 기업들은 AI 기반 설계를 통해 실패율을 낮추고, 이탈 고객을 줄이고 있다. 상황에 따라 일부 사용자에겐 결제 유예를 제안하고, 다른 경우에는 한도를 자동으로 조정한다. 이 모든 결정은 단일한 규칙이 아닌,

예측과 분류에 기반하는 유연한 판단이다.

국내 지급 결제 기업들도 빠르게 이 흐름을 따라가고 있다. 결제 과정을 사용자에게는 간결하게 유지하면서, 내부적으로는 복잡한 판단 체계를 구축하고 있다. 그 결과는 분명하다. 승인율은 올라가고, 고객의 반복 사용도 자연스럽게 늘어난다. 결제는 버튼 하나로 끝나지만, 그 뒤엔 AI가 만든 정교한 판단의 구조가 있다.

데이터로 움직이는 돈의 시대

지금 결제를 하면, 단지 돈이 빠져나가는 것만이 아니다. 거래 시간, 장소, 금액, 결제 수단 같은 수많은 정보가 함께 저장된다. 눈에 보이지 않는 이 데이터가 바로 디지털 머니의 핵심이다. 우리는 돈을 쓰는 동시에 데이터를 남기고 있는 셈이다.

지급 시스템은 데이터로 움직인다. 결제 자체는 몇 초 만에 끝나지만, 그 이면에서는 수많은 메타데이터를 분석하고 해석한다. AI는 이 데이터를 바탕으로 소비자의 패턴을 추론하고, 다음 행동을 예측한다. 돈의 흐름은 곧 데이터의 흐름이기도 하다.

대표적인 플랫폼들은 이미 이 구조를 전면적으로 활용하고 있다. 사용자가 언제, 어디서, 무엇을 샀는지에 대한 정보는 기록만을 위한 회계 정보가 아니다. 이 데이터는 추천 알고리즘, 마케팅 분석, 신용 점수 산정에 활용한다. 이처럼 결제는 금융 행위인 동시에 디지털 행동의 흔적이 된다.

AI는 이 데이터를 통해 거래의 맥락을 파악하려 한다. 예컨대, 같은 금액이라도 월급날의 소비와 새벽 시간대의 소비는 다르게 해석된다. 이런 맥락 분석은 사기 탐지뿐 아니라 맞춤형 금융 상품 설계에도 활용된다. 결제는 점점 더 의미 있는 사건이 되어 간다.

흥미로운 것은 이용자들이 이 과정을 거의 인식하지 못한다는 점이다. 우리는 빠르고 편한 결제 뒤에 어떤 데이터가 수집되고 활용되는지 알기 어렵다. 이 흐름은 투명하지 않을뿐더러, 소비자가 통제하기에는 제한적이다. 이로 인해 편리함 뒤에 있는 불투명성이 금융 신뢰의 새로운 쟁점일 수 있다.

AI는 효율을 위해 과거 데이터를 기반으로 미래를 예측한다. 하지만 이 구조는 예외를 받아들이지 않는다. 과거에 소비가 적었다는 이유로 대출이 거절되거나, 소비 유형이 다르다는 이유로 리스크로 분류되기도 한다. 데이터 중심의 판단은 때때로 인간을 왜곡한다.

또한 알고리즘은 사용자의 결제 행동을 은근히 유도

한다. 반복 결제를 자동 설정하거나, 특정 결제 수단을 노출해 선택을 유도하는 방식이다. 금융의 자동화가 생활의 자동화로 이어지는 구조다. 선택은 있지만, 선택지가 줄어드는 역설적인 현상이 벌어지고 있다.

이제 우리는 돈을 쓰는 것이 아니라, 데이터를 남기는 시대에 살고 있다. 그리고 그 데이터가 금융의 구조를 다시 짜는 재료가 된다. 결제는 더 이상 지불 행위에 머무르지 않는다. 그것은 데이터로 표현된 우리의 선택이며, 기술이 만들어 낸 또 하나의 페르소나(Persona)다.

참고문헌

김준희(2025.4). 국내외 금융회사의 AI 활용 사례와 시사점. BC카드 신금융연구소, https://bcif.bccard.com/content/detail/418

박훈(2025.1). 2025년 국내 은행 AI 활용 전망. 삼성SDS, https://www.samsungsds.com/kr/insights/ai-in-banking-in-2025.html

Bhardwaj, C.(2025.4). How AI is revolutionizing the payment industry in 2025. *RFID Journal,* https://www.rfidjournal.com/expert-views/how-is-ai-revolutionizing-the-payment-industry-in-2025/223324/

Netto, C.(2025.1.2). AI in payments: Opportunities, challenges and best practices. *Forbes,* https://www.forbes.com/councils/forbestechcouncil/2025/01/02/ai-in-payments-opportunities-challenges-and-best

-practices/

03
알고리즘 신용 평가의 시대

당신의 신용은 당신이 모르는 사이에 계산되고 있다. 클릭 하나, 결제 한 번, 새벽의 앱 사용까지 모든 흔적이 점수가 된다. 숫자는 줄지어 있지만, 그 기준은 설명되지 않는다. 신용은 더 이상 서류가 아니라, 알고리즘이 만든 초상이다.

AI와 난임 극복?

보이지 않는 심사관

어느 날 문득, 우리는 점수를 통해 판단을 받는 시대에 살고 있다는 사실을 깨닫는다. 대출을 신청하지 않아도, 신용 평가를 의뢰한 적이 없어도 누군가는 이미 나의 점수를 계산하고 있고, 그 점수는 내가 어떤 소비자인지를 말해 주고 있다.

알고리즘은 수많은 데이터를 수집해, 반복성과 일관성을 중심으로 패턴을 구성한다. 정보의 양은 늘었지만, 어떤 소비나 행동이 신뢰할 만하다고 여겨지는지에 대한 기준은 아직 유동적이다. 최근의 점수 체계는 고정된 직장이나 높은 자산보다, 일정한 주기와 예측 가능한 소비 습관에 더 주목하고 있다. 이제 안정성은 소득의 절댓값이 아니라, 데이터가 감지하는 지속 가능성의 형태로 정의된다.

이러한 구조는 기존 제도의 바깥에 있던 사람들에게 새로운 기회를 열어 준다. 특히 금융 이력이 부족해 신용 평가에서 배제되던 '신파일러(Thin Filer)'에게는 더 큰 의미로 다가온다. 고정 수입이 없더라도 소비에 일정한 주기와 패턴이 있다면, 이제는 평가의 출발점이 된다. 프리랜서, 소상공인, 이주민처럼 그동안 경계에 머물렀던 이들에게도 문이 열리고 있다. 데이터는 누군가를 배제하는 기준이 아니라, 다름을 이해하고 신뢰를 확장하는 새로운 언어가 된다.

하지만 점수가 열어 준 기회만큼, 그 작동 방식에는 여전히 불투명한 면이 존재한다. 점수는 사용자에게 친절하게 설명되지 않는다. 어떤 데이터가 얼마나 영향을 미쳤는지 알기 어렵다. 우리는 결과를 받아들이지만, 기준은 감춰져 있다. 설명이 없는 점수는 판단이 아니라 명령에 가깝다.

문제는, 이 점수가 때로는 맥락 없는 판단으로 작동한다는 데 있다. 소셜미디어의 게시 글, 상품 클릭 이력, 새벽 시간대의 앱 접속—모든 것이 판단의 재료가 될 수 있다. 데이터는 맥락 없이 해석되고, 해석되기 전 이미 점수가 된다. 숫자는 의미보다 경향을 먼저 본다. 결국 사람은 이야기보다 패턴으로 분류된다.

알고리즘은 예외를 고려하지 않는다. 갑작스러운 지출은 위기일 수도, 가족을 위한 투자일 수도 있다. 그러나 시스템은 이 상황을 이해하지 못한다. 정밀한 계산은 섬세한 해석을 보장하지 않는다.

신용 점수는 정확하다는 인식으로 더욱 절대적인 힘을 갖는다. 기관은 수치를 기준 삼고, 사람은 그 기준에 맞춰 나를 증명해야 한다. 기준이 생략되었는지, 과장되었는지는 아무도 말해 주지 않는다. 수치는 공정한 것처럼 보이지만, 그 안엔 설계된 선택이 있다.

신용은 점수로 표현될 수 있지만, 점수로만 설명되어선 안 된다. 기술이 사람을 판단할 수는 있어도, 삶 전체를 정의하진 못한다. 중요한 건 데이터를 더 수집하는 일이 아니라, 그 너머의 이야기를 이해하는 일이다. 신용이 진짜 신뢰가 되기 위해서, 먼저 공감 가능해야 한다.

기준은 변했지만 기회는 제자리에

금융의 문은 오랫동안 닫혀 있었다. 자격을 증명할 서류가 없으면 그 문 앞에조차 설 수 없었다. 신용은 정규직의 다른 이름이었고, 조건이 없다는 건 곧 기회가 없다는 뜻이었다. 누군가에겐 문을 두드릴 손잡이조차 없던 셈이다.

그러나 이제, 다른 정보들이 그 문을 두드린다. 통신요금, 정기 구독 결제, 온라인 소비 기록 같은 생활 데이터가 신용 평가 항목으로 포함되고 있다. 일상의 흔적이 점수가 되고, 신용의 기준도 조금씩 바뀌고 있다. 보이지 않던 삶의 부분들을 평가의 언어로 번역한다.

이 변화는 경계 밖에 있던 사람들에게도 새로운 가능성을 만든다. 반복적인 소비 흐름이 있다면 고용 형태가 다르더라도 신뢰할 수 있다는 판단이 가능해졌다. 생활이 곧 신용이 되는 시대다.

하지만 점수가 만들어졌다고 해서, 모두에게 같은 기회가 주어지는 것은 아니다. 어떤 데이터가 평가에 포함되는지는 기업마다 다르고, 기준도 제각각이다. 겉으로는 공정해 보이지만, 실제로는 누가 시스템을 설계했느냐에 따라 결과가 달라진다. 기술은 중립처럼 작동하지만, 실제 알고리즘은 설계자의 기준과 판단을 그대로 반영하기 때문이다.

동일한 소비 이력이라도, 어떤 시스템은 이를 신용으로 반영하고 다른 시스템은 아예 고려하지 않는다. 데이터는 같지만 해석은 달라질 수 있다는 것이다. 점수는 사실의 요약이 아니라 관점을 담은 결과다. 그래서 평가의 문은 열려 있어도, 그 안의 기준은 여전히 감춰져 있다.

포용적이라고 말하는 시스템이, 실제로는 새로운 선을 그어 구분을 만든다. 특정 소비 패턴은 '우량', 다른 패턴은 '위험'으로 분류된다. 소비자는 그 기준을 모른 채 결과만 통지받는다.

문이 열렸다고 하지만, 실제 누구를 받아들일지는 시스템이 정한다. 접근은 쉬워졌지만, 이해는 더 어려워졌다. 데이터는 투명하게 수집되었다고 하지만, 그것이 무엇을 의미하는지는 설명되지 않는다. 열린 구조처럼 보이지만, 그 안에는 닫힌 해석이 숨어 있다.

이런 흐름은 다른 나라에서도 반복된다. 일본은 통신 요금이나 공과금 납부 이력을 반영한 포지티브 크레딧(Positive Credit) 제도를 운영하고 있고, 미국에선 알고리즘 편향이 법정으로 간 사례도 있다. 시스템은 국경을 넘어 확산되고 있으나, 그 안의 기준과 권한은 여전히 소수에게 집중하고 있다.

진짜 기회는 문이 열려 있다는 사실이 아니라, 그 문을 누가 열 수 있는가이다. 포용을 말하는 기술이라면, 그 구조 또한 누구에게나 열려 있어야 한다. 소비자가 기준을 이해할 수 있어야 하고, 그 해석도 공유해야 한다. 숫자가 만든 세계라면, 그 언어 또한 함께 읽을 수 있어야 한다. 중요한 것은 설계된 기회가 아니라, 설명 가능한 기회라는 점이다.

신용, 다시 묻는 개념

알고리즘이 점수를 매기는 시대, 우리는 가끔 잊는다. 이 모든 평가의 시작에는 '신용'이라는 오래된 개념이 있었다는 사실을 말이다. AI가 모든 정보를 수치로 환산하는 지금, 그 단어가 담고 있던 의미는 여전히 유효할까?

이 절은 그 질문에서 출발한다.

'신용'이라는 말은 라틴어 크레디툼(creditum), 즉 '믿는다'는 뜻에서 유래했다. 돈보다 사람이 먼저였다. 단순히 갚을 수 있는 능력보다 약속을 지키려는 태도에 무게를 뒀다. 그렇게 신용은 거래 이전에 형성되는 관계의 감정이었다.

하지만 시대가 달라지면서, 은행은 사람보다 기준을 보기 시작했다. 빠른 판단을 위해 수치와 서류가 필요해졌고, 신용은 점점 자동화된 조건으로 요약됐다. 정규직, 고정 수입, 재산 증명 등 신뢰는 그렇게 정형화되기 시작했다.

AI는 이 흐름을 가속했다. 점수는 이제 '얼마를 벌었는가'가 아니라 '이 사람은 얼마나 예측 가능한가'로 측정한다. 일정한 주기, 반복되는 소비, 변하지 않는 패턴이 신용을 구성한다. 그 안에 개인의 상황이나 맥락이 개입될 여지는 거의 없다.

신용은 점점 더 빠르고 정밀해졌지만, 그만큼 놓치는 대목도 많아졌다. '왜 그렇게 소비했는가', '그 시점에 무슨 일이 있었는가' 같은 질문이 필요 없어진 것이다. 이제 신용은 사람의 이야기를 담지 않고, 수치로만 정의한다. 과거 대출 창구의 망설임과 인간적인 배려는 시스템

속에 전혀 찾아볼 수 없다.

그래서 우리는 점수를 받지만, 그 점수가 나를 어떻게 이해했는지는 알 수 없다. 과거의 신용이 공동체 안에서 쌓인 일종의 정서였다면, 오늘날의 신용은 데이터가 만든 결과물이다. 숫자는 선명하지만, 그 속의 의미는 그렇지 않다.

그렇다면, 우리는 무엇을 잃은 것일까. 프리랜서에게도 점수가 주어지는 시대가 되었지만, 그 점수가 어떤 기준에서 나왔는지 여전히 감춰져 있다. 편리함은 커졌지만 사람에 대한 이해가 줄어든 것이다.

다만, 변화는 시작하고 있다. '설명 가능한 AI'는 그 가능성 중 하나다. 일부 금융사는 이용자가 자신의 데이터 해석 과정을 확인할 수 있는 기능을 도입했다. 점수가 아니라, 해석의 과정 자체에 투명성을 요구하기 시작한 것이다.

몇 해 전, 한 택배 근로자가 AI 신용 평가에서 낮은 점수를 받아 대출을 거절당했다. 성실한 근무 이력과 일정한 수입이 있었지만, 알고리즘은 그를 '리스크가 높다'로 판단했다. 그러나 지역 신협은 달랐다. 조합과의 거래 기록, 주변 평판, 삶의 태도를 근거로 창업 자금을 승인했다. 데이터로 설명되지 않는 신뢰가, 금융의 문을 열게 만든 것이다.

신용은 평가가 아니라 이해의 방식이다. 수치는 신뢰를 보완할 수는 있어도, 대체할 수는 없다. AI가 아무리 정교해져도, 중요한 것은 여전히 이해 가능한 관계다. 그래서 금융은 다시, 단순한 진실로 돌아가야 한다. 누군가를 평가하기 전에 먼저 그를 이해할 수 있는가를 묻는 일, 그것이 신용의 본질이다.

참고문헌

박기록(2025.4.25). AI로 더 강력해진 '대안신용평가' … 넘어야 할 과제는?. 《디지털데일리》, https://m.ddaily.co.kr/page/view/2025042411024134879

송민택(2024.10.21). [송민택 교수의 핀테크 4.0] 금융 추천알고리즘, 편익과 편향의 균형. 《전자신문》, https://www.etnews.com/20241021000028

윤영인 외(2024.7). 신용평가에서 설명가능 인공지능의 활용에 관한 연구. 국제문화기술진흥원. https://www-earticle-net.sproxy.dongguk.edu/Article/A453356

최성민(2024). 《AI와 신용평가》. 커뮤니케이션북스.

Addy, W. A. et al.(2024.2). AI in credit scoring: A comprehensive review of models and predictive analytics. Semantic Scholar, https://pdfs.semanticscholar.org/5d0e/c362c11511ffccdc2d0b54d8bf7144c7845b.pdf

04
투자 알고리즘과 MZ 세대 포트폴리오

투자는 더 이상 전문가의 전유물이 아니다. 앱을 열면 AI가 리스크를 계산하고, 수익률을 예측하며, 맞춤형 종목을 추천한다. 누구나 전략을 짤 수 있는 시대지만, 그 전략이 정말 '나의 선택'인지 묻게 되는 순간이 있다. 기술의 안내는 편리하지만, 판단의 주도권은 여전히 내 안에 있어야 한다.

AI와 사주?

전략을 짜는 기계, 로보어드바이저

우리는 어느새 사람이 아닌 시스템이 투자 전략을 짜고 있다는 사실에 익숙해졌다. AI는 단지 데이터를 분석하는 데 그치지 않는다. 변수들을 상상하고, 가능성을 재조합하며, 뉴스 헤드라인과 금리의 움직임, 업종별 흐름까지 모두 알고리즘의 언어로 번역한다.

로보어드바이저는 그런 전략 설계의 입문 도구처럼 작동한다. 이는 투자자의 성향, 목표, 자산 규모, 리스크 선호도를 몇 가지 질문을 통해 파악한 뒤, 그에 맞는 자산 배분과 투자 권고를 자동으로 제시하는 AI 기반 시스템이다. 포트폴리오 구성은 물론이고 시장의 흐름에 따라 주기적인 조정까지 스스로 수행한다. 투자자는 '왜 이 비중인가'를 묻기보다, '이대로 진행해도 괜찮을까'를 고민하게 된다.

전략은 선택의 이유를 설명하지 않고, 사용자는 그 판단이 틀리지 않기만을 바라며 수용하게 된다. 이 시스템은 사전에 정의된 규칙과 과거 데이터를 기반으로 자산을 분산하고, 시장 변화에 따라 자동으로 포트폴리오를 조정한다. 예측 가능하고 일관된 기준 위에서 작동하기 때문에, 초보 투자자도 복잡한 설계 없이 전략을 따를 수 있다. 이해보다 실행, 해석보다 효율이 앞서게 된다.

이런 자동화 전략은 개인을 넘어 거대 자산 운용사의 핵심이 되었다. 예컨대 블랙록의 알라딘은 하루 5만 개 자산의 리스크를 점검하고, 정책 발표나 지정학적 이벤트에 따라 자동으로 포트폴리오를 재구성한다. 투자자는 시장 정보를 해석하기보다, 알라딘이란 알고리즘이 만든 조정 결과에 반응한다. 이제 투자는 예상된 미래가 아니라 설계된 대응이 되고 있다.

국내에서도 AI 기반 전략은 빠르게 확산되고 있다. ETF 상품 설계, 자동 리밸런싱, 테마별 자문 시스템이 일상이 되었고, 투자자는 점점 설명을 요구하지 않게 되었다. 신뢰보다 익숙함, 분석보다 추천이 전략의 이유가 된다. 결정은 이해가 아니라 반응의 흐름 속에서 이뤄진다.

AI는 전략을 자동화했지만 동시에 진입 장벽을 낮췄다. 과거 고액 자산가나 전문가만 사용하던 포트폴리오 도구가 이제 누구에게나 열려 있다. MZ세대가 처음 투자에 입문할 때 겪던 정보 비대칭도 일부 해소되고 있다. 정보의 민주화가 실현됐다고 말할 수 있는 지점이다.

하지만 잊지 말아야 할 것이 있다. 모든 알고리즘은 전제 위에 서 있고, 그 전제는 과거가 반복될 것이라는 믿음에서 출발한다. 상관관계를 인과로 오해하거나, 특정 변수의 작동 방식을 과대 일반화할 때, 전략은 쉽게 무너질 수 있다. 정교한 전략은 오히려 선택을 평준화한다.

더 많은 이들이 비슷한 결정을 내리게 되고, '왜'라는 질문은 '얼마나'라는 판단으로 대체된다. 추천은 개인화되지만, 선택은 획일화된다. 그 순간부터 투자자는 전략을 이해하는 사람이 아니라, 전략을 수용하는 수동적 참여자로 전환될 뿐이다. 질문은 점점 사라지고, 결정은 이미 설정된 흐름에 따라 조용히 수렴된다.

기계는 전략을 짤 수 있다. 하지만 그 전략이 누구의 삶에 어떻게 작용할지는 계산하지 못한다. 판단은 설계의 문제가 아니라 태도의 문제다. 그래서 우리는 여전히, 그 경계에서 질문의 끈을 놓지 말아야 한다.

직관과 자동 사이

자동 투자는 이제 낯선 기술이 아니다. 리밸런싱, 리스크 조정, 매수 타이밍까지 자동화된 시스템은 많은 이들에게 일종의 안심 장치가 되었다. 초보 투자자는 물론 바쁜 직장인도 일정한 규칙 위에 투자 전략을 맡긴다. 하지만 그 안락함은 때때로 생각을 위임하는 일과 다르지 않다.

AI는 공포도 없고, 탐욕도 없다. 감정을 배제한 채 데이터를 따라가는 능력은 위기 속에서 더욱 빛을 발한다. 그러나 계산이 정답을 뜻하는 것은 아니다. '합리적'이라는 말 뒤에는, 각자의 상황이 빠진 평균값만 남기도 한다.

인간은 오류를 범하지만, 때로는 그 오류가 기회가 된다. 경험이 축적된 투자자는 숫자보다 먼저 시장 분위기를 눈치채고, 표면 아래의 흐름을 감지한다. 예측이 아니라 낯섦에 반응하는 감각은 AI가 흉내 내기 어려운 영역이다. 그것은 리스크를 계산하는 능력이 아니라, 리스크를 받아들이는 태도에서 비롯한다.

많은 투자자들은 자동화된 시스템과 개인의 판단 사이에서 절충점을 찾는다. 데이터를 참고하되, 결정을 미루지 않는 사람. 기술을 믿되, 해석은 스스로 하려는 사람. 이들을 위한 방식이 바로 '반자동 투자'다. 자동 리밸런싱에 일부 수동 판단을 덧붙이거나, 포트폴리오의 일정 비중만 직접 조정하는 전략이 여기에 해당한다.

한 30대 직장인은 매달 자동으로 ETF에 정기 투자하면서도, 반도체나 친환경 에너지처럼 자신이 관심 있는 산업은 개별 종목을 따로 골라 직접 투자한다. AI가 추천한 구성은 참고용일 뿐, 스스로의 확신이 드는 부분은 손을 대고 싶은 것이다. 투자 전략이 시스템으로 완성되는 것이 아니라, 감각과 해석이 더해질 때 비로소 본인의 것이 된다.

자동화는 분명 효율을 높인다. 그러나 정답이 하나뿐인 시험과 달리, 투자는 늘 복수의 해답이 존재하는 영역이다. 통계적으로 우수한 조합이더라도, 그것이 지금 나에게 가장 맞는 방식인지는 별개의 사안이다. 우리는 기술의 계산력보다, 나의 삶이라는 맥락 속에서 선택한다.

한 투자 커뮤니티에서 '펫 투자'가 화제가 된 적이 있다. AI는 관련 산업의 비중이 과도하다며 제외를 권했지만, 반려 동물 관련 기업에 투자한 사람들은 "수익률보다도 철학이 중요하다"고 말했다. 이는 직관이 아닌 감정, 전략이 아닌 신념이 투자의 이유가 될 수 있음을 보여 준다.

기술은 우리를 효율적으로 도울 수 있는 수단이지만 투자에 대한 결과는 여전히 개인의 몫이다. 자동과 직관 사이, 그 미세한 경계 위에 오늘의 투자자가 서 있다. 중요한 것은 AI가 약속한 수익률이 아니라, 때로는 스스로의 판단을 믿고 기준을 만드는 과정이다.

나의 포트폴리오를 다시 쓰는 법

AI는 보편적으로 포트폴리오 구성의 출발점이 되었다. 수익률, 리스크, 자산 간 상관관계 분석 같은 작업은 자동화된 시스템이 처리한다. 투자자는 매번 처음부터 포트폴리오를 짤 필요 없이, 추천된 전략에서 시작할 수 있다. 효율성과 접근성은 과거에 비해 크게 향상되었다.

이 전략은 대개 '나와 비슷한 사람'의 데이터를 바탕으로 구성된다. 유사한 연령대, 소득 수준, 투자 성향을 반영하며, 통계적으로는 안정적인 선택이 가능하다. 하지만 여기에 개인의 변화나 환경의 급변은 반영하기 어렵다. 기존 행동 패턴을 기준으로 하기 때문에 예외 상황에 둔감할 수 있다.

그래서 일부 투자자들은 AI 전략을 그대로 따르기보다 부분적으로 조정한다. 예를 들어, 기본 포트폴리오에서는 미국 대형주 비중이 높게 추천되더라도, 국내 경기 회복에 대한 기대가 있다면 해당 비중을 줄이고 중소형주를 추가하는 식이다. 알고리즘에서 출발했지만, 수정은 개인의 판단에 따라 달라진다. 이렇게 개입 가능한 전략은 점점 확산되는 추세다.

이러한 개입은 전략이 완제품이 아니라 수정 가능한 초안으로 제공되기에 가능하다. 과거처럼 투자자가 직접 모든 데이터를 분석할 필요 없이 전략의 뼈대를 해석하고 필요시 수정하는 능력만 요구된다. 이럴 경우 주도권은 시스템에 있지 않고, 그것을 어떻게 활용하느냐에 있다. 최근에는 이를 전제로 설계된 플랫폼도 늘어나고 있다.

예를 들어, 일부 앱에서는 사용자가 원하는 목표 수익률에 도달하면 시스템이 자동으로 보수적인 자산으로 전환하도록 설정할 수 있다. 또는 금리, 환율, 유가 같은 외부 변수에 따라 자산 구성을 미리 지정하는 기능도 있다. 이는 시스템을 단순히 따르는 방식에서, 활용하는 방식으로 전환하고 있다는 신호다. 투자자는 전략의 소비자가 아니라 조정자로 움직인다.

하지만 이런 개입이 효과를 가지려면 전략의 구조와 판단의 논리를 이해해야 한다. 예를 들어, 장기 금리가 하락한다고 해서 무작정 채권 비중을 늘리는 것은 아니다. 금리 변화가 성장주에 미치는 영향, 인플레이션과의 상관관계 등을 함께 고려해야 전략이 유효해진다. AI가 수치를 제공해도, 이와 같은 해석은 여전히 사람의 몫이다.

포트폴리오를 다시 쓴다는 것은 전략이 마음에 드느냐가 아니라, 지금의 나에게 맞느냐를 판단하는 일이다.

AI는 전략의 틀을 제공할 수 있지만, 투자자의 목적과 맥락까지 이해할 수는 없다. 아무리 효율적인 추천이라도, 그 효율이 나에게 적절한지는 스스로 결정해야 한다. AI는 투자자의 위치를 대신하지 않는다. 그러나 전략을 바라보고 해석하는 방식은 바뀔 수밖에 없다.

참고문헌

박형수(2023.3.3). 커지는 로보어드바이저 시장… 소비자도 더 똑똑해져야. 《아시아경제》, https://www.asiae.co.kr/article/2023030216455164802

송민택(2025.3.24). [송민택 교수의 D-엣지] 알고리즘과 가짜뉴스, 그리고 금융시장. 《전자신문》, https://www.etnews.com/20250324000067

조홍래(2022.3.29). [ET단상]MZ세대가 로보어드바이저에 열광하는 이유. 《전자신문》, https://www.etnews.com/20220329000199

CFA Institute(2025.5). How robo-advisors are reshaping private banking in 2025. investsuite.com. https://www.investsuite.com/insights/blogs/how-robo-advisors-are-reshaping-private-banking-in-2025

Harvard Business Review(2024.12). The human factor: AI-powered customer - first strategies in banking and financial services, https://hbr.org/sponsored/2024/12/the-human-factor-ai-powered-customer-first-strategies-in-banking-and-financial-services.

05
스테이블 코인과 AI 리스크 모니터링

스테이블코인은 디지털 자산의 질서를 설계하는 기본 인프라가 되었다. 가격은 고정되어 있지만, 그 안에서 자산은 더 빠르게, 더 넓게, 더 전략적으로 흐른다. 이제 사람들은 코인을 사고파는 것이 아니라, 안정된 가치를 통해 디지털 경제 전체를 설계하기 시작했다. 그 움직임의 배후에는, 위험을 감지하고 균형을 조율하는 AI의 눈이 함께 달려 있다.

AI와 아이돌?

새로운 통화 질서, 스테이블코인

디지털 경제의 파도가 거세다. 그 중심에 스테이블코인이 있다. 미래 금융의 핵심 인프라로 떠오르고 있는 스테이블코인은 달러, 유로 같은 법정 통화에 가치를 일대일로 고정한다. 이 단순함이 곧 안정성이다. 환율 변동이나 가격 급등락의 걱정 없이 디지털 머니 생태계의 기본 통화처럼 작동하는 이유다. 해외 송금, 무역 결제, 프리랜서 급여 지급까지, 스테이블코인은 전통 금융의 빈틈을 메우며 활약 중이다. 안정된 가치는 곧 실용성을 증명한다.

테더(USDT)와 서클(USDC) 같은 달러 기반 스테이블코인은 이미 글로벌 디지털 거래의 표준처럼 쓰이고 있다. 국내에서도 동대문 시장의 도매상 일부가 해외 바이어와의 결제를 테더 등 스테이블코인으로 처리한다고 한다. 빠른 정산과 낮은 수수료 때문이다.

'김치 프리미엄'을 노린 전략에서도 스테이블코인은 핵심이다. 예를 들어 해외 거래소에서 USDT로 비트코인을 매수한 뒤 국내 거래소로 옮겨 고가에 매도한다. 이후 다시 스테이블코인으로 바꿔 해외로 송금하는 방식이다. 일부 투자자는 이를 실전 전략으로 반복 운용한다.

이처럼 스테이블코인은 디지털 세상의 실질적 금융 인프라로 진화하고 있다. 이런 흐름은 수요와 공급의 문제를 넘어, 디지털 화폐를 둘러싼 글로벌 패권 경쟁으로 연결된다. 미국은 민간 스테이블코인을 통해 디지털 달러의 영향력을 확장 중이며, 중국은 디지털 위안화로 독자적 블록을 구축 중이다. 미국 트럼프 대통령이 주도하는 '지니어스법(GENIOUS Act)'은 스테이블코인의 제도화를 통해 달러 패권 국가를 지속적으로 유지하려는 야심의 일환이다.

이제 스테이블코인은 더 이상 실험이 아니다. 각국의 중앙은행이나 글로벌 플랫폼, 탈중앙 커뮤니티까지 다양한 주체들이 디지털 통화 질서를 두고 본격적인 경쟁에 뛰어들고 있다. 단순히 발행량이나 속도보다는, 어떤 구조로 설계되었고 얼마나 많은 사용처와 연결되었는지가 경쟁력의 기준이 되었다. 결국 승자는 더 넓은 네트워크를 확보하고, 더 많은 신뢰를 얻는 쪽일 것이다.

하지만 국내는 여전히 원화 기반 스테이블코인의 민간 실험 단계에 머물러 있으며, 제도화나 정책 방향은 모호하다. 이러한 지연은 단순히 글로벌 결제 시장에서 원화의 기능 축소를 넘어, 미래 금융 질서에서 한국의 실질적인 존재감을 약화할 수도 있는 심각한 문제다. 더 늦기

전에 선제적으로 구조에 참여하고, 규제 불확실성을 해소하지 않는다면 완성된 판에서 설 자리를 잃을 수 있다.

결국, 스테이블코인의 진정한 경쟁력은 단순히 고정된 숫자에 있는 것이 아니라, 얼마나 넓은 연결망과 다양한 플랫폼, 결제 수단, 사용자들과 유기적으로 작동하느냐에 달려 있다. 통화는 더 이상 단일 화폐가 아닌 생태계의 중심점이 되며, 연결된 화폐만이 미래 시대에 살아남을 것이다.

디지털 통화, 신뢰의 조건

스테이블코인은 겉보기에 조용하다. 1달러에 고정된 가격, 빠른 송금, 낮은 수수료는 이상적인 디지털 화폐처럼 보인다. 그러나 이 고정된 가치는 절대 자동이 아니다. 설계된 구조와 통제된 균형 위에서만 유지될 수 있다.

2022년의 테라-루나 사태는 그 구조가 얼마나 취약할 수 있는지를 보여 준 대표 사례였다. 달러를 담보로 하지 않고 자매 코인 루나를 발행해 가치를 유지하려 했던 실험은, 예치 수익 20%라는 고정 수익을 미끼로 시장을 확장했다. 하지만 시장의 신뢰가 흔들리자 알고리즘의 연결 고리는 순식간에 붕괴되었다. 이 사건 이후, 알고리즘 기반의 스테이블코인은 사실상 시장에서 퇴장했고,

보다 신뢰 가능한 담보 기반 체계로 전환되는 흐름이 본격화되었다.

하지만 구조가 단단해졌다고 해서 안심할 수는 없다. 지금의 스테이블코인은 실시간 환매 가능성과 담보 보유 비율, 유동성 위기 시 대응 방식, 발행자의 책임 구조 등 다양한 조건 속에서 작동한다. 특히 거래소 간의 자금 흐름이 분산되면서, 리스크는 더욱 복잡하고 빠르게 전이된다. 단순히 고정된 숫자만으로는 신뢰를 보장할 수 없다.

이런 복잡성을 관리하는 두 개의 눈이 필요하다. 하나는 AI, 그리고 다른 하나는 제도다. AI는 이상 거래, 담보 급락, 환매 집중 같은 위험 신호를 실시간으로 감지하고, 시스템 내부에서 자동 조정 메커니즘을 작동시킨다. 루나 사태 이후 많은 프로젝트들이 이 기능을 도입했고, 현재는 코인 생태계에서 기본으로 자리 잡았다.

그러나 기술만으로는 충분하지 않다. 스테이블코인의 신뢰는 발행자의 회계 감사와 담보 내역 공개, 법령에 따른 트래블 룰(Travel Rule) 준수, 소비자 보호 의무 같은 제도적 장치 위에서 완성된다. 특히 담보 자산이 어디에 얼마나 보관되어 있는지를 검증할 수 있는 회계 인프라는 기술보다 먼저 요구되는 신뢰의 언어다. 아무리 정확한 알고리즘이 작동해도 그 기반이 불투명하다면 신호는 무의미해진다.

결국 신뢰는 기술과 제도라는 이중 구조에서 만들어진다. AI는 감시와 예측의 도구로서 역할을 하되, 궁극적인 책임은 사람과 제도가 분담해야 한다. 위기의 정의와 대응 기준은 자동화가 아닌 합의와 규범에서 도출되기 때문이다. 그래서 AI가 아무리 정밀해도, 그 위에 작동하는 사회적 프레임이 미흡하다면 금융은 흔들리게 된다.

이제 스테이블코인의 경쟁력은 단지 1달러를 유지하느냐의 문제가 아니다. 어떤 구조로 설계되었는지, 얼마나 많은 플랫폼과 연결되어 있는지, 발행자의 회계가 얼마나 투명한지, 그리고 위기에 대응할 준비가 되어 있는지 등 이 모든 조건이 통화로서의 자격을 결정한다.

디지털 머니, 누가 설계하는가

종이로 인쇄된 돈만 화폐로 인정받지 않는다. 세계는 지금 디지털 머니라는 새로운 통화 질서를 실험하고 있다. 많은 국가에서 중앙은행이 발행한 디지털 화폐(CBDC)를 실험 중이고, 민간 기업은 스테이블코인을 발행해 통화 기능을 구현 중이다. 돈은 이제 찍는 것이 아니라 설계하는 것이 되었고, 이 설계의 방향은 기술 경쟁을 넘어 구조와 기준의 싸움으로 옮겨 가고 있다. 누가 만들 것인가보다, 어떤 틀 안에서 만들어지는가가 더 중요해진 시대다.

CBDC는 공공 시스템 위에 구축된 디지털 화폐다. 유럽의 디지털 유로와 중국의 디지털 위안은 이러한 공공형 디지털 화폐의 대표적 사례로, 국제적으로 그 흐름을 주도하고 있다. 반면 미국은 중앙은행의 CBDC 발행을 제한하고, 민간 주도의 스테이블코인 생태계를 통해 통화의 디지털화를 실현하는 전략을 취하고 있다. 한국은 2025년 상반기, 한국은행 주도로'프로젝트 한강'을 통해 디지털 지갑 간 연동과 자동화된 지급 지시를 실험했다. 그러나 은행권의 참여 부담과 민간 원화 스테이블코인과의 역할 충돌 문제 등이 제기되면서 후속 실험은 잠정 중단된 상태다.

공공의 실험이 주춤한 사이, 민간은 더 빠르게 움직이고 있다. 민간 기업이 주도하는 스테이블코인의 강점은 빠른 확장성과 민첩한 기술 적용이다. 실제로 프리랜서의 급여, 구독 서비스 결제, 국경 간 소액 송금 등에서 달러 스테이블코인인 테더와 서클은 일상적 통화처럼 쓰인다. 플랫폼 중심의 사용자 흐름 속에서 통화의 쓰임새가 바뀌고 있다. '무엇을 결제하는가'보다'어떻게 작동하느냐'가 통화의 조건이 된 것이다.

AI는 이 흐름의 수면 아래서 핵심 장치를 맡는다. 사용자의 금융 흐름을 분석해 맞춤형 결제 경로를 설계하고, 유동성 불균형이나 환매 위험을 조기에 탐지한다. 중앙은행은 AI 기반 시뮬레이션으로 정책 효과를 예측하고, 민간은 이를 통해 환율 헤지와 자동화된 결제 조정을 실행한다. 눈에 띄지는 않지만, AI는 통화의 유통 구조 안에서 실질적 중추다.

그러나 중요한 것은 기술보다 통제의 구조다. 민간 시스템은 유연하지만 불투명하고, 공공 시스템은 안정적이지만 속도가 느리다. 결국 디지털 머니는 기술과 제도의 균형 위에서만 기능할 수 있다. 문제는 속도보다 기준이고, 혁신보다 설계의 정합성이다.

어떤 기술인가보다, 누구의 관점에서 기준을 세우는가가 핵심이다. 같은 AI 기술이라도 설계의 철학에 따라 완전히 다른 질서를 만들 수 있다. 디지털 머니의 경쟁력은 코드보다 규칙에 있으며, 시스템보다 목적에 가깝다. 통화 설계는 결국 기술이 아니라 거버넌스의 문제다.

한국은 이 설계 경쟁에서 주도권을 놓칠 수 없다. 원화 기반 스테이블코인은 아직 제도 밖에 머물러 있고,

CBDC는 기술 실험에 머물러 있는 상태다. 지금 구조를 세우지 않으면, 미래의 디지털 통화 질서는 외부에 의해 정의될 수 있다. 선택하지 않으면 선택당하는 구조가 만들어지는 셈이다.

AI는 결제 흐름을 예측하고, 위험을 감지하며, 선택을 유도하는 손이다. 그러나 기술이 아무리 정밀해도, 그 위에 놓일 기준과 철학은 사람의 몫이다. 디지털 머니 시대의 핵심은 '어떤 돈을 쓸 것인가'가 아니라, '어떤 질서에 동의할 것인가'다. 통화는 액면이 아니라 구조의 문제고, 기능보다 방향이 중요해진 시대다.

참고문헌

박선영(2025.3.31). 디지털 화폐의 미래를 여는 '프로젝트 한강'. 《이코노미조선》, https://economychosun.com/site/data/html_dir/2025/03/28/2025032800026.html

송민택(2024.2.12). [송민택 교수의 핀테크 4.0] CBDC와 디지털 경제의 지평. 《전자신문》, https://www.etnews.com/20240212000033

송민택(2025.4.7). [송민택 교수의 D-엣지] 디지털 경제 기반통화, 원화 스테이블코인. 《전자신문》, https://www.etnews.com/20250407000069

Bank for International Settlements(2025.5). Stablecoins and safe asset prices. https://www.bis.org/publ/work1270.htm

Board of Governors of the Federal Reserve System(2022.1). Money and payments: The U.S. Dollar in the age of digital transformation, https://www.federalreserve.gov/publications/files/money-and-payments-20220120.pdf

International Monetary Fund(2024.6). Implications of Central Bank Digital Currency for monetary operations, https://www.imf.org/-/media/Files/Publications/FTN063/2024/English/FTNEA2024007.ashx

06
디지털 자산과 AI 가치 분석

처음에는 농담인 줄 알았다. 픽셀 몇 개짜리 고양이 그림이 수천만 원에 팔렸다는 소식에, 사람들은 고개를 갸웃했다. 하지만 지금은 다르다. 게임 속 무기, 디지털 포스터, 메타버스 땅까지, 모두 누군가의 포트폴리오 안에 있다. 디지털 자산의 시대, 그 가치를 먼저 읽는 것은 언제나 인간보다 빠른 AI다.

AI와 야구?

디지털 경제의 새로운 자산들

우리는 점점 눈에 보이지 않는 자산과 살아가고 있다. 디지털 이미지 하나, 게임 속 아이템 하나가 실제 돈을 부르고 심지어 그것이 거래되며 축적된다. 과거엔 실물 자산이 기준이었지만, 이제는 데이터 자체가 경제를 움직이는 힘이 되었다. 디지털 경제는 보이는 것보다 측정 가능한 것에 가치를 부여하기 시작했다.

NFT(Non-Fungible Token, 대체 불가능한 토큰)는 이 전환의 상징이었다. 복제 가능한 이미지에 유일성을 부여하고, 유일하다는 것 때문에 가격이 붙었다. 이 개념은 미술품, 음원, 스포츠 영상, 프로필 사진까지 확장되며 시장을 열었다. 데이터가 희소성을 갖는 순간, 그것은 곧 돈이 되고 자산이 된다.

메타버스 속 공간도 같은 흐름에 있었다. 사용자는 가상의 땅을 사고, 그 위에 브랜드나 커뮤니티를 구축했다. 공간은 실재하지 않지만, 그 안에서 사람과 콘텐츠가 오가며 경제적 가치를 만들어 냈다. 디지털 자산은 존재 여부보다, 그것이 생성하는 관계와 활동성으로 평가받았다.

게임 아이템 역시 단순한 취미의 결과물이 아니었다. 특정 무기나 캐릭터는 실제 돈으로 거래됐고, 일부는 주식보다 빠른 수익률을 기록했다. 놀이가 자산 축적의 플랫폼이 되고, 여가가 투자로 이어지는 흐름이었다. '플레이 투 언(Play to Earn)'이라는 개념이 주목받은 이유다.

이 모든 흐름은 2021～2022년 사이 급속히 확산되었고, 동시에 빠르게 식었다. NFT는 투기성 과열로 시장의 신뢰를 잃었고, 메타버스는 실제 활용보다 마케팅 구호로 소비되었다. 유행은 지나갔지만, 그 기술과 구조는 디지털 경제의 일부로 흡수되었다. 다시 떠오를지라도 방식은 달라질 것이다.

중요한 것은 이런 흐름이 만들어 낸 자산 개념의 변화다. 실물이 아닌 데이터를 소유하며, 가격은 희소성보다 커뮤니티의 연결과 문화적 의미로 결정된다. 자산은 더 이상 숫자와 가치의 합이 아니라, 사회적 관계의 일부가 된다. 디지털 자산은 기술 이전에 사회 현상이다.

예를 들어, 2024년 초 국내 아티스트의 NFT 프로젝트는 발행 3시간 만에 1000개를 완판했다. 해당 작품은 유명 갤러리 전시 이전부터 커뮤니티에서 소장 가치로 주목받았다. 물리적 실물 없이 만들어진 수요와 희소성이 자산 개념의 기준을 바꿔 놓은 사례였다. 새로운 경제는 이해보다 반응이 먼저 움직인다.

디지털 자산의 가치는 보통 시장의 관심보다 먼저 움

직인다. SNS(Social network Service) 언급량이나 거래 빈도, 커뮤니티 활성도 같은 지표가 가격을 선도한다. 감정과 관심, 감동적인 스토리가 곧 자산의 일부가 된다. 디지털 경제는 기술이 아니라 문화다.

결국 디지털 자산을 이해한다는 것은 새로운 경제의 작동 방식을 읽는 일이다. 소유는 물리적 보관이 아닌 디지털 활용으로 바뀌고, 가치는 희소성보다 연결과 참여에서 나온다. 디지털 자산은 기술이 만든 상품이 아니라, 새로운 질서를 구성하는 핵심이다. 우리는 데이터를 저장하는 것이 아니라, 그 위에 경험과 신뢰를 쌓고 있다.

디지털 자산, AI로 읽는 가치의 신호

디지털 자산은 전통 자산처럼 이익 잉여금이나 배당이 없다. 수익이 발생하는 구조도 불투명하다. 그렇다면 이 자산의 가치는 무엇으로 판단할 수 있을까. AI는 전통적인 회계 지표가 아닌, 사용자 행동과 네트워크의 연결성에서 그 답을 찾아낸다.

첫째, 활동 데이터다. 일정 기간 얼마나 자주, 얼마나 많은 사용자가 이 자산을 사고팔았는지, 어느 정도 머물렀는지가 핵심이다. 검색량이나 반복 방문 횟수도 의미 있는 지표로 활용된다. AI는 이런 움직임을 실시간으로 추적해 수요의 밀도와 지속성을 측정한다.

둘째는 연결 구조다. 디지털 자산은 고립된 개체가 아니라, 플랫폼과 커뮤니티 속에서 살아 움직인다. 예컨대 NFT는 몇 개의 플랫폼에서 호환 가능한지, 소유자가 어떤 네트워크에 속해 있는지에 따라 유통 가능성과 확장성이 달라진다. AI는 이 관계망을 분석해 '움직일 가능성'이라는 잠재 가치를 예측한다.

셋째는 소셜 반응이다. 자산이 SNS에서 얼마나 회자되고, 어떤 톤으로 소비되고 있는지를 분석한다. 단순한 언급 횟수가 아니라, 긍정과 부정의 감정을 분류하는 감성 분석이 관건이다. 관심의 온도는 수치로 환산되고, 그 흐름은 가치의 방향을 결정한다.

이처럼 AI가 수행하는 분석은 단순한 기술적 기능이 아니다. 디지털 자산 시장에서 이것은 해석의 도구이자 판단의 언어다. 수익 모델이 명확하지 않을수록 사람들의 관심과 행동이 더욱 본질적인 지표가 된다. 감각에 의존하던 투자가 데이터로 설명되기 시작한 것이다.

글로벌 NFT 시장은 이미 이 기술을 적극 활용하고 있다. 과거 거래 내역, 지갑 간 이동 경로, SNS 언급량, 유사 컬렉션과의 유사도 등 다양한 데이터를 종합해 향후 상승 가능성을 수치화한다. 사용자는 '왜 이 NFT를 사야

하는가'에 대한 논리적 설명을 함께 제공받는다. AI는 직관에 설득을 더하는 도구로 진화하고 있다.

이제 AI는 예측 도구를 넘어, 포트폴리오를 구성하고 위험을 감지하며, 자산을 등급별로 정리하는 큐레이터 역할을 한다. 우리는 점점 선택 이전에 제안받는 구조 속에서 판단을 내리게 된다. 투자란 이제 데이터를 읽고 신호를 해석하는 일이 되었다.

그러나 AI가 모든 가치를 정확히 측정할 수 있다는 믿음은 경계해야 한다. 과잉 노출된 자산은 실제보다 과대평가될 수 있고, 소수 플랫폼에서 형성된 잠재 가치는 간과되기 쉽다. 불균형한 데이터는 판단을 왜곡하고, 편향은 기술의 한계로 드러난다.

그래서 AI는 도구가 아니라 함께 협업하는 동반자다. 검색증강생성(RAG, Retrieval-Augmented Generation) 기술은 그런 맥락에서 주목받고 있다. 고객의 질문에 답하기 위해 학습된 지식만 활용하는 것이 아니라, 외부의 최신 문서나 데이터를 검색해 응답을 생성하는 방식이다. 맥락과 환경이 빠르게 바뀌는 디지털 자산 시장에서는 이런 '실시간 외부 연동' 기반의 AI가 편향을 줄이고 해석력을 높이는 데 훨씬 효과적이다.

디지털 자산 투자, 계산과 감정 사이

전통 자산 시장이 분석과 수익률의 싸움이라면, 디지털 자산 시장은 감정과 문화가 먼저 움직인다. 가격은 하루에도 몇 번씩 출렁이고, 뉴스 한 줄, 밈 한 장면이 시세를 바꿔 놓는다. 투자자는 이 감정의 흐름 속에서 방향을 잡기 어려워지고, 누구는 데이터에 의존하고 누구는 직감을 따른다. 정보와 감정의 경계가 흐려지는 시장, 그 안에서 판단은 더 복잡해진다.

이 불확실한 시장에서 AI는 계산의 역할을 맡는다. 수많은 데이터를 실시간 분석하고, 과거 패턴을 근거로 현재 흐름을 추론한다. 감정이라는 예측 불가능성을 수치로 바꾸려는 시도다. 그러나 숫자만으로는 포착되지 않는 흐름이 이 시장을 움직인다.

디지털 자산의 변동성은 고유한 속성이다. 낮은 유동성과 불완전한 정보, 투기적 심리가 겹쳐 가격은 예고 없이 움직인다. 이때 AI는 리스크를 정량화하는 도구가 된다. 얼마나 자주 급락했는지, 어떤 조건에서 반등했는지를 찾아내며 위험 패턴을 분석한다.

하지만 감정은 수치보다 앞선다. 뉴스의 정서적 파장이나 유명인의 발언, 그리고 팬 커뮤니티의 열광은 계산을 앞지른다. AI는 흔적을 분석할 수는 있지만, 그 감정의 진원지를 먼저 읽지는 못한다. 디지털 자산 시장의 첫 번째 움직임은 언제나 감정에서 비롯된다.

2025년 초, 글로벌 커뮤니티 기반의 밈(Meme)토큰 중 하나인 '페페(PEPE)'가 폭발적인 인기를 끌었다. 아무 기능도 없는 이 코인은 유머와 밈 문화, 소속감이라는 감정만으로 단기간 수천 퍼센트 상승했다. AI는 거래량 폭증을 조기에 감지했지만, 커뮤니티가 형성한 열광의 맥락은 끝내 해석하지 못했다. 투자자들은 수익이 아니라 정체성과 소속감에 반응했고, 시장은 감정에 끌려 움직였다. 감정이라는 변수는 계산을 불안정하게 만들지만, 무시할 수 없는 핵심 요인이다.

AI는 시장의 지금을 보여 주지만, 사람은 다음을 상상한다. 감정은 실패와 성공을 반복하며 진화하고, 그 축적이 직관이 된다. AI는 실패하지 않지만 성장하지도 않는다. 인간은 틀릴 수 있지만, 그 실패 덕분에 더 멀리 볼 수 있다.

때로는 계산보다 망설임이 더 나은 결과를 낳는다. 알고리즘이 매도 시점을 제시한 직후 급등이 일어나거나, 예측에 포함되지 않은 뉴스 하나로 시장이 반전되기도 한다. 타이밍, 우연, 감정, 직관—이 모든 것은 데이터로 완벽히 설명되지 않는다. AI가 끝내 풀지 못하는 마지막

방정식은, 바로 그 변수들 속에 있다.

참고문헌

개인정보보호위원회(2024.9). 자동화된 결정에 대한 정보주체의 권리 안내서, https://www.pipc.go.kr/np/cop/bbs/selectBoardArticle.do?bbsId=BS074&mCode=C020010000&nttId=10611

박윤수 외(2023.5). 가상자산 위험도 평가 방법에 대한 연구. 《디지털콘텐츠학회논문지》, 24(5), https://www.dbpia.co.kr/journal/articleDetail?nodeId=NODE11419259

송민택(2024.5.6). [송민택 교수의 핀테크 4.0] 디지털자산시장 확장과 대응 방향. 《전자신문》, https://www.etnews.com/20240506000030

한국은행(2025.2). AI와 한국경제, https://www.bok.or.kr/portal/bbs/P0002353/view.do?menuNo=200433&nttId=10089704

Cohen, G. & Aiche, A.(2025). Predicting the Bitcoin's price using AI. *Frontiers in Artificial Intelligence,* https://www.researchgate.net/publication/391603928_Predicting_the_Bitcoin%27s_price_using_AI

Mafrur, R.(2025). AI-Based crypto tokens: The illusion of decentralized AI?. https://arxiv.org/abs/2505.07828

07
토큰 증권과 AI 자산 설계

증권은 점점 자산이 아니라, 조직된 구조로 이해되고 있다. 부동산, 음악 저작권, 예술품, 지식 재산권 같은 가치들이 조각화되어 디지털로 전환되고, 투자자는 그 설계 과정에 참여한다. 토큰 증권은 단순히 자산을 나누는 기술이 아니라, 자산을 짜는 방식이다. 그리고 그 방식의 문법은 지금, AI가 새롭게 쓰고 있다.

AI와 윤동주?

조각나는 자산, 열리는 시장

투자의 방식은 조금씩, 그러나 분명히 달라지고 있다. 예전에는 자산 하나를 통째로 사야 했다. 빌딩 전체, 그림 한 점, 저작권 전부가 하나의 단위였다. 하지만 지금은 그 일부만으로도 충분히 투자에 참여할 수 있는 시대가 되었다.

이러한 변화의 문을 연 기술이 바로 토큰 증권이다. 실물 자산을 디지털 단위로 나누고, 이를 토큰 형태로 발행해 온라인에서 자유롭게 거래할 수 있게 만든다. 이름은 증권이지만, 그 실체는 디지털 자산 유통 시스템에 더 가깝다. 위조가 어렵고, 거래는 투명하며, 소액으로도 시작할 수 있다.

최근 부동산을 넘어 미술품, 저작권, 드라마 지식재산권(IP, Intellectual Property) 등 다양한 자산이 토큰화되며, 조각 투자에 대한 시장의 관심도 빠르게 높아지고 있다. 불과 몇 년 전만 해도 상상하기 어려웠던 대상들이 이제는 모두 투자 가능한 항목이 된 것이다.

무엇보다 중요한 변화는 소유 개념의 전환이다. 고가 자산의 일부를 구매할 수 있다는 점은 시장의 문턱을 크게 낮췄다. 이전에는 특정 계층만 접근할 수 있었던 자산이 이제는 누구에게나 열려 있는 것이다. 전체를 갖는 것보다 수익에 참여하는 것이 더 중요해지는 흐름, 그것이 토큰 증권에 대한 관심 증대의 이유다.

유동성 측면에서도 변화는 크다. 거래 단위가 작아질수록 사고파는 속도는 빨라진다. 상업용 부동산처럼 예전에는 매도에 몇 달이 걸렸던 자산도 이제는 하루 만에 여러 명에게 분산될 수 있다. 시장은 더 유연해지고, 투자자는 더 기민해질 수 있다.

예를 들어, 오피스 건물의 임대 수익권이 토큰화되면 투자자는 월세 수익의 일부에 참여할 수 있다. 과거에는 이런 구조를 이해하려면 전문가의 설명이 필요했지만, 지금은 플랫폼에서 수익 모델을 직관적으로 확인하고 바로 투자할 수 있다. 그만큼 복잡했던 과정이 기술을 통해 수월해진 것이다.

미술품 투자 역시 새로운 국면에 들어섰다. 작가의 인지도나 경매 기록, 유통 이력 같은 정보가 디지털 토큰의 기준이 되고 있다. 과거 예술 작품은 감상의 대상이었고, 일부 부유한 사람들에게만 소유가 허용되었다면, 이제는 소액 투자자도 수익을 기대하며 자산 포트폴리오에 편입할 수 있게 된 것이다. 그만큼 예술과 금융의 교차지점이 점점 넓어지고 있는 셈이다.

이러한 흐름은 콘텐츠 자산으로도 확장된다. 드라마

판권, 유튜브 채널의 광고 수익, 음원의 저작권까지 자산화가 가능하다. 콘텐츠를 소비하던 시대에서, 수익에 함께 참여하는 시대로의 전환이 일어난다. 좋아하는 창작물을 응원하는 방식이 투자로 이어지는 풍경, 그것이 지금 펼쳐지고 있다.

토큰 증권은 단순한 기술이 아니다. 자산을 이해하고 다루는 관점 자체를 새롭게 정의한다. 자산의 본질은 같아도, 그것이 시장에서 작동하는 방식은 전혀 달라졌다. 이제는 무엇을 갖느냐보다, 어떻게 연결되고 참여하느냐가 더 중요한 시대다.

다만 제도적 기반은 여전히 부족하다. 2023년 금융 당국이 가이드라인을 발표하고, 공청회를 진행하고 있지만 2025년 상반기까지도 명확한 법제화는 이뤄지지 않았다. 아쉬운 점은 기술이 시장을 바꾸고자 할 때, 제도가 뒤따라오지 못하면 오히려 기회를 놓칠 수 있다는 점이다.

AI, 자산의 구조를 다시 쓰다

자산은 더 이상 고정된 구조로 존재하지 않는다. 누가 설계하고, 어떻게 보여 주느냐에 따라 전혀 다른 형태로 시장에 등장한다. 이 변화의 중심에는 물론 AI가 있다. AI

는 자산 그 자체보다, 자산을 어떻게 쪼개고 연결할지를 먼저 고민하는 설계자의 역할을 맡고 있다.

대표적인 예는 음악 저작권을 조각 단위로 거래할 수 있는 콘텐츠 기반 투자 플랫폼이다. 특정 곡의 저작권을 쪼개서 일반 투자자에게 판매하거나 거래하게 한다. 일부 인기 아티스트의 곡이 실제로 거래되고 있고, 어떤 구조가 투자자에게 더 매력적인지를 실험적으로 조정하는 방식도 시도되고 있다.

AI의 역할은 데이터를 해석하는 것에서 시작된다. 장르, 팬덤 규모, 스트리밍 수익, 유통 이력 같은 과거 데이터를 학습한 AI는 해당 자산에 어울리는 수익 배분 구조를 제안한다. 발매된 지 얼마 안 된 신곡은 초기 수익이 빠르게 발생하므로 단기 수익 분배에 유리한 구조로 설계된다. 반면, 이미 인기가 검증된 곡은 스트리밍 수익이 꾸준히 발생하기 때문에 장기적인 배당이 가능한 안정형 구조로 분류된다.

투자자 분석도 빠질 수 없다. AI는 투자자의 나이, 투자 스타일, 평균 보유 기간, 선호 장르 등을 분석해 각기 다른 구조를 제시한다. 짧은 기간 안에 사고팔기를 원하는 투자자에게는 언제든지 거래할 수 있는 유동성이 높은 구조를 제안한다. 반면, 좋아하는 아티스트를 응원하며 오래 보유하려는 투자자에게는 정기적으로 수익을 받을 수 있는 배당 중심의 구조가 더 적합하게 설계된다.

정보를 보여 주는 방식도 차별화된다. 어떤 사람에게는 수익률 중심의 카드 뉴스를, 또 다른 사람에겐 감성적 설명이 가미된 추천 콘텐츠가 더 효과적일 수 있다. 같은 정보를 어떻게 표현하느냐에 따라 투자 행동은 전혀 다른 경로를 밟는다.

유통 전략도 AI가 주도한다. 자산의 예상 보유 주기, 거래 빈도, 시세 안정성 등을 고려해 상장 시점, 락업(Lockup) 조건, 우선 노출 플랫폼이 조정된다. 실제로 일부 플랫폼은 특정 자산의 거래 가능 시간을 제한하거나, 특정 시점에만 공개하는 전략을 실험하고 있다.

그렇다고 AI가 모든 것을 해결해 주는 것은 아니다. 특히 자산 가치 평가에는 여전히 해석이 필요하다. 저작권이나 신생 콘텐츠처럼 기준이 불명확한 자산은 스트리밍 수치, 유튜브 조회수, SNS 반응 등 다양한 신호를 조합해 평가해야 한다. 수학적 공식을 넘어, 흐름과 패턴을 읽는 감각이 요구된다.

결국 AI는 무엇을 살 것인지를 대신 결정해 주지는 않는다. 그러나 그 결정이 이루어지는 경로를 더 정교하게 안내해 준다. 투자자는 수익률만이 아니라 '나를 위한 구조'를 탐색하게 되고, 그 구조는 점점 더 개인화된 경험에 초점을 맞춘다. 다만, 그 경험이 진짜 신뢰로 이어지려면 설계된 구조 뒤에 숨은 설명이 함께 따라야 한다.

신뢰를 묻다, 투명성을 설계하다

어떤 콘텐츠 기반 플랫폼에서 미공개 음원 저작권을 조각 투자로 발행했다고 가정해 보자. AI는 수익 흐름을 분석해 연 12%의 예상 수익률을 제시한다. 이를 본 투자자들은 클릭 몇 번으로 손쉽게 토큰을 매수할 수 있다. 시스템은 문제없이 작동한다. 하지만 정산 계약의 핵심 조건이 '협의 중'이라는 문구로만 제시되었다면, 이 거래를 과연 계속할 수 있을까?

물론 기술은 여전히 매끄럽게 돌아간다. 수익률은 화면에 떠 있고, 계약 구조도 겉보기에는 문제없다. 그런데도 투자자의 손은 멈춘다. '협의 중'이라는 단 한 줄의 문구가, 숫자가 말해 주지 못한 단 하나의 이유였다. 이 구조를 왜 믿어야 하는지, 플랫폼은 끝내 설명하지 않았다.

향후 토큰 증권 시장은 점점 복잡해질 것이다. 같은 자산이라도 플랫폼마다 락업 기간, 수익 분배 방식, 상장 조건이 제각각일 수 있다. 표면적으로 수익률만 표시되지만, 그 수익이 어떻게 구성되어 있는지는 쉽게 알기 어렵다. 그래서 중요한 것은 숫자 그 자체가 아니라, 숫자가 만들어진 방식에 대한 이해다.

바로 이 지점에서 AI의 역할이 중요해진다. 단순히 정보를 나열하는 것이 아니라, 정보를 어떻게 보여 줄지를 설계하는 단계에 이른 것이다. 카드 뉴스, 추천 콘텐츠, 알고리즘 기반 인터페이스는 숫자와 구조를 감추는 대신, 하나의 투자 경험을 구성해 낸다. 결국 투자자는 수익률을 고르기보다, 그 수익이 담긴 스토리와 배경을 선택하게 되는 셈이다.

하지만 그렇게 설계된 경험이 곧바로 신뢰로 이어지는 것은 아니다. 투자 경로가 아무리 단순하고 사용하기 쉬워도, 핵심 정보가 설명되지 않으면 의심이 시작된다. 오히려 시스템이 매끄러울수록, 그 이면의 구조는 더 쉽게 감춰진다. 그래서 우리는 성능보다 '설명 가능한 AI'를 요구하게 된다. 수익률보다 중요한 것은, 그 수익이 어떤 조건과 해석 위에 놓여 있는지를 아는 일이다.

합리적인 투자자일수록 단순한 수익률 수치보다, 그 수치가 어떤 과정을 통해 도출되었는지를 중시한다. 아무리 높은 수익이 제시되어도, 그 전제와 조건이 불투명하다면 쉽게 의사 결정을 내릴 수 없다. 신뢰는 결과 자체보다 그 결과에 이르는 과정에서 비롯되며, 특히 AI가 자산의 구조를 설계하는 시대에는 그 구조를 해석할 수 있는 언어와 설명이 필수적이다. 숫자만 제공되고 그 맥락이 생략된다면, 기술이 아무리 정교하더라도 불신은 언제든 시작될 수 있다.

결국 중요한 질문은 '이 구조를 누가 만들었고, 문제가 생기면 누가 책임지는가'이다. AI가 흐름을 설계하는 시대일지라도, 판단의 최종 책임은 사람에게 있다. 신뢰는 언제나 책임의 방향에서 출발하며, 그 끝은 기술이 아니라 사람이기 때문이다.

참고문헌

금융위원회(2023.2). 토큰 증권(Security Token) 발행·유통 규율체계 정비방안. https://www.fsc.go.kr/no010101/79386

배정민 · 남명훈(2024.10). 토큰증권(Security Token Offering)을 통한 녹색채권 발행 사례 및 시사점. BOK 이슈노트, https://www.bok.or.kr/portal/bbs/P0002353/view.do?nttId=10087277&menuNo=200433

송민택(2023.7.3). [송민택 교수의 핀테크 4.0] 토큰증권의 가치산정과 거래 활성화. 《전자신문》, https://www.etnews.com/20230703000188

홍지연(2025.5). 금융권의 AI 활용 확대와 해외 각국의 감독 방향. 자본시장포커스, https://www.kcmi.re.kr/publications/pub_detail_view?cno

=6537&syear=2025&zcd=002001016&zno=1846

FATF(2023.6). Targeted update on implementation of FATF standards on virtual assets and VASPs, https://www.fatf-gafi.org/en/publications/Fatfrecommendations/targeted-update-virtual-assets-vasps-2023.html

World Economic Forum(2024.12). How tokenization is transforming global finance and investment. https://www.weforum.org/stories/2024/12/tokenization-blockchain-assets-finance/

08
금융 인터페이스와 AI 사용자 경험

소비자가 금융을 ‘찾아가는’ 시대에서, 금융이 ‘다가오는’ 시대로 이동하고 있다. 앱을 열기도 전에 푸시 알림이 도착하고, 검색하지 않아도 챗봇이 먼저 말을 건다. 금융 서비스는 더 이상 은행 창구나 웹페이지에서 머무르지 않는다. AI는 사용자와 서비스 사이의 맥락을 큐레이션하며, 금융을 생활의 흐름 속으로 끌어들이고 있다.

AI와 한의학?

대화의 인터페이스

은행 앱을 열지 않아도, AI 비서에게 말을 건네는 것으로 눈 깜짝할 사이에 금융은 변했다. "이번 달 카드 값은 얼마야?"라는 질문에 결제 금액과 날짜가 표시되고, 필요한 경우 이체 기능까지 제공한다. 소비자가 과거처럼 메뉴를 일일이 탐색하는 수고를 덜어 낸다. 이처럼 금융과의 접점은 클릭에서 대화로, 수동에서 직관으로 점점 이동하고 있다.

초기의 챗봇은 정형화된 질문에만 반응했고, 고객 센터의 자주 묻는 질문(FAQ, Frequently Asked Questions) 수준을 벗어나지 못했다. 하지만 자연어 처리 기술이 급속히 발달하면서 챗봇은 단어가 아닌 문맥을 이해하게 됐다. 사용자 말투나 대화의 흐름, 그리고 상황에 따른 감정까지 감지해 반응하는 수준으로 진화한 것이다.

사용자가 "이번 달 지출이 많아서 불안해"라고 입력했다고 가정하자. 예전에 챗봇은 단순히 지출 목록을 나열하는 것에 그쳤다. 생성형 AI가 급속히 발달한 지금은 어떤가? 예산 초과 항목을 요약하고, 절감 팁이나 다음 달 이체 일정을 조정해 주는 안내문까지 제공한다. 대화형 금융은 이제 기능 중심이 아니라 상황 인식 중심으로 재편되고 있다.

음성 인터페이스도 빠르게 확산하고 있다. 스마트 스피커나 모바일 앱을 통해 "우리 아이 학자금 계좌에 20만 원 보내 줘"라는 명령이 실시간 실행된다. 고령층이나 시각 장애인처럼 디지털 접근성이 낮은 이들에게는 특히 유용하다. 음성 기반 AI는 단순한 편의를 넘어서 금융 포용성의 관점에서도 중요한 기술이 되고 있다.

챗봇의 가장 큰 장점은 바로 24시간 응답성과 스트레스 완화다. 고객 센터처럼 대기하거나, 영업시간을 기다릴 필요 없이 즉시 반응한다. 특히 분실, 오류, 연체처럼 긴급한 순간에 챗봇의 존재는 커다란 심리적 안정감을 준다. 어떤 면에서 챗봇은 금융 불안을 덜어 주는 일상 속 반려자에 가깝다.

예측형 챗봇은 한발 더 나아간다. 이전 사용 기록과 소비 패턴, 캘린더 연동 정보를 바탕으로 미리 질문하거나 행동을 유도한다. "이번 주말 자동차세 납부일이 다가옵니다. 지금 처리하시겠어요?" 같은 안내는 흔한 기능이 되었다. 이처럼 챗봇은 고객의 질문을 기다리는 것이 아니라, 먼저 묻는 존재로 진화 중이다.

챗GPT 등 생성형 AI의 도입으로 챗봇이 가진 대화의 폭은 더욱 확장되고 있다. 소비자는 연금 포트폴리오를 비교하거나, 해외 주식 투자 시나리오를 직접 질문할 수 있게 됐다. 사용자의 목표와 리스크 선호도를 바탕으로, 다양한 자산 배분 전략이 문장으로 생성된다.

실제로 국내 금융 기관들도 챗봇 고도화에 속도를 내고 있다. 한 시중 은행은 GPT 기반의 재무 설계 기능을 시범 도입해 고객의 투자 목적과 성향에 맞춘 포트폴리오를 구성해 준다. 일부 핀테크 기업은 대화형 챗봇을 통해 마이데이터 기반 소비 분석과 예산 조정 서비스를 제공 중이다.

물론 모든 챗봇이 좋은 경험을 보장하지는 않는다. 소비자는 기술이 정교해질수록 더 높은 공감력과 상황 인식을 기대하기 마련이다. 이런 상황에서 챗봇이 질문을 이해하지 못하거나, 반복된 대화 루프에 빠지게 되면 고객의 피로감은 오히려 커진다. 어떤 면에서 챗봇이 진짜 유용해지려면 정확함도 중요하지만 고객에 대한 배려가 먼저일 필요가 있다.

한번 미래의 금융 앱을 상상해 보자. 앱을 클릭하는 순간 아예 대화로 시작할지 모른다. "고객님, 반갑습니다. 오늘 무엇을 도와드릴까요?"라는 친절한 멘트와 함께, 사용자의 응답에 따라 필요한 기능이 배치될 것이다. 불필요한 메뉴는 숨기고, 자주 쓰는 항목은 대화에 따라 유동적으로 등장하면서 말이다.

행동을 읽는 UX

우리가 금융 앱을 이용할 때 무심코 지나치는 행동들, 즉 탭을 누른 위치, 체류 시간, 자주 이용한 메뉴 등 모두가 데이터로 기록된다. AI는 이들 데이터를 통해 사용자의 의도와 성향을 읽는다. 직접 말하지 않아도, 머뭇거림과 반복, 이탈 같은 비언어적 행동도 언어가 된다.

예컨대 대출 메뉴에 들어갔다가 곧바로 나오는 행동이 반복되면, 시스템은 이용자가 관심은 있지만 결정하지 못한 상태라고 해석한다. 이에 따라 금리 비교 정보나 간편한 시뮬레이션 기능, 이벤트 정보 등을 자동으로 노출한다. 이용자가 인식하지 못하는 사이에 인터페이스는 행동에 맞춰 재배열된다. 이용자가 클릭하는 순간보다 망설임에 더 민감하게 작동한다.

이러한 행동 분석은 개인화된 사용자 경험(UX, User Experience) 설계로 이어진다. 이용자의 자주 쓰는 메뉴는 상단에 배치되고, 표현 습관에 따라 버튼의 언어나 색상까지 달라진다. 마치 살아 움직이는 유기적 구조로 변화하는 것이다. 같은 앱이라도 이용자마다 구성과 흐름이 달라지는 이유다.

AI는 단지 편리함만을 제공하지 않는다. 로그인 패턴, 접속 환경, 비정상적인 이동 경로 등을 분석해 이상 징후를 포착하기도 한다. 새벽 시간대의 고액 이체 시도나, 평소 사용하지 않던 기기에서의 로그인은 자동 경고 메시지를 유발한다. 이처럼 사용자 경험은 보안 기능을 겸하는 신호 체계가 되었다.

또한 AI는 사용자의 반복된 흐름을 기억한다. 특정 시점에 자주 조회하는 항목이나, 매월 특정일에 이체하는 행동 등을 학습해, 필요한 정보나 소비자의 금융 행동을 먼저 제안한다. 소비자가 묻기 전에 먼저 응답하는 형태의 예측 관리형 UX인 것이다.

이런 변화는 인터페이스 자체의 의미를 바꾼다. 예전에는 이용자가 선택지를 찾기 위해 노력했지만, 이제는 시스템이 선택지를 먼저 제시한다. 즉 화면의 순서나 배치, 추천 버튼, 강조된 안내 메시지 등은 소비자의 예전 행동에 의해 결정된다. 이용자가 남긴 데이터가 다시 이용자에게 영향을 미치는 순환 구조다.

최근에는 생성형 AI를 통해 이용자 행동의 의미까지 해석하려는 시도도 나타나고 있다. 단순히 언제 무슨 메뉴를 클릭했는지를 넘어서, 왜 그런 흐름이 나타났는지를 서술형으로 요약하는 기능이다. 이는 비정형 데이터까지 포함하는 고차원 UX 설계로 이어지고 있다. 금융 앱이 사용자의 심리까지 반영하는 단계로 진화하는 셈이다.

이 모든 흐름은 조용히, 그리고 끊임없이 작동한다. 어떤 메뉴를 추천하고, 어떤 버튼을 강조하는지는 이용자가 눈치채기도 전에 결정된다. 클릭보다 이용자의 머뭇거림을 민감하게 읽고, 다음 행동을 미리 예측한다. 그렇게 금융은 함께 반응하는 파트너로 진화한 것이다.

당신의 클릭은 우연이 아니다

금융 앱을 열면 가장 먼저 눈에 띄는 버튼은 대개 이미 누군가가 의도한 결과다. 어떤 정보가 상단에 보이고, 어떤 색상이 강조되며, 어떤 순서로 항목이 흐르는지는 모두 사용자 반응을 유도하기 위한 장치다. 사용자는 자유롭게 클릭했다고 느끼지만, 그 자유는 연출된 환경 속에서 이뤄진다. 결정의 경로는 점점 더 보이지 않는 손에 의해 정리되고 있다.

이러한 흐름 유도의 대표적 예는 디폴트(Default) 효과다. 가장 먼저 보이는 옵션, 추천 배너에 표시된 상품, '가장 인기 있는 선택'이라는 문구 등은 이용자 판단의 방향을 결정해 버린다. 예컨대 대출 상품 목록에서 상단에 위치한 항목은 실제로 더 많이 클릭된다. 사람들은 특별한 이유가 없어도 먼저 보이는 것을 따르는 경향이 있기 때문이다.

AI는 이런 사용자 반응의 패턴을 정밀하게 학습한다. 어떤 구성과 문장, 어떤 이미지 조합이 더 많은 호응을 이끄는지 데이터를 통해 파악하고, 사용자 유형에 따라 다른 화면 흐름을 제안한다. 같은 앱이라도 누군가는 파란 버튼을, 누군가는 추천 문구를 더 많이 보게 되는 이유다. 개인화된 배치는 곧 무의식적 흐름의 설계로 이어진다.

이 과정은 점점 더 윤리적 질문을 자극한다. "내가 정말로 스스로 선택한 것일까? 아니면 누군가가 보여 준 옵션들 사이에서 고른 것일 뿐일까?" 특히 금융의 경우, 이런 미묘한 유도는 실제 수익률이나 수수료, 리스크 노출에 영향을 줄 수 있다. 조용하면서 은밀한 화면 배치 하나가 금전적 효과를 바꾸는 현실이 된 것이다.

물론 이런 흐름은 이용자 편의를 위한 것이기도 하다. 하지만 지나친 반복과 추천은 오히려 시야를 좁힌다. 이용자는 점점 더 고민 없이 눌러 버리는 경험에 익숙해지고, 판단은 프로세스의 흐름 속에 묻히게 된다.

최근 금융 앱은 간편 결제, 원클릭 가입, 자동 리밸런싱 등 신속한 반응을 유도하는 기능으로 무장하고 있다. 사용자는 빠르고 매끄럽게 행동하지만, 그 행동이 어떤 맥락에서 유발됐는지 인식하기는 어렵다. 우리는 스스로 선택했다고 믿지만, 처음부터 그 흐름이 설계되어 있었는지도 모른다.

무심코 누른 버튼 하나에도 흐름은 설계되어 있다. 하지만 진짜 선택은 그 흐름을 인식하는 순간에 생긴다. 시스템이 유도하는 방향 속에서도, 무엇을 보고 어떻게 반응할지는 여전히 사람의 몫이다. 그래서 기술이 아무리 앞서가도, 판단의 출발점은 늘 우리 안에 있다.

참고문헌

박성숙 · 강태임(2024.2). AI 디지털 휴먼 인터페이스의 상호작용이 사용자 경험에 미치는 영향 – AI은행원의 키오스크와 디지털데스크 인터페이스 중심 –. 《한국디자인트렌드학회》, 82. https://kiss.kstudy.com/Detail/Ar?key=4081514

송민택(2023.9.11). [송민택의 핀테크 4.0] 금융 UX, 고객중심 전략과 기술의 융합. 《전자신문》, https://www.etnews.com/20230911000092

이령화(2022.2). MZ세대의 새로운 금융생활, Zinance. 하나은행 하나금융연구소, https://www.hanaif.re.kr/boardDetail.do?hmpeSeqNo=35148

한은빈 외(2025.2). AI 금융 챗봇의 추천 서비스에서 비교 선택지와 설명 유형이 소비자 경험에 미치는 영향. 《e-비즈니스연구》, 26(1). https://www.dbpia.co.kr/Journal/articleDetail?nodeId=N

ODE12113869

09
블록체인 신뢰와 AI 검증 기술

금융에서 신뢰는 언제나 누군가의 책임이었다. 계약을 보증하고, 거래를 증명하고, 오류를 중재하는 주체는 늘 사람 또는 제도였다. 하지만 블록체인은 그 책임을 코드로 옮겼고, AI는 그 위에서 신호를 읽고 진위를 가려내기 시작했다. 이제 우리는 신뢰를 만들던 시대에서 신뢰의 조건을 해석하는 시대에 살고 있다.

AI와 화장품?

출처를 증명하라

금융은 언제나 책임을 전제로 작동했다. 돈을 굴리고, 미래를 예측하며, 거래를 보증하는 일에는 이름과 서명이 따라붙었다. 하지만 디지털 환경은 이러한 책임을 불분명하게 만들었다. 정보를 확인하기 전에 먼저 퍼지고, 누가 만들었는지도 모르는 콘텐츠가 마치 진실처럼 유통되기 때문이다.

생성형 AI는 이 흐름을 더욱 복잡하게 만든다. 사람이 쓰지 않은 글이나 존재하지 않는 사람이 말하는 영상, 그리고 편집된 흔적조차 없는 이미지들이 현실처럼 돌아다닌다. 그래서 우리는 정보의 외형보다 그것이 어디서 왔는지를 먼저 묻게 된다. 판단의 핵심이 내용이 아니라 경로일 수 있기 때문이다.

이때 중요한 건 흔적이다. 다만, 누가 만들었고, 어떤 기능과 도구를 썼으며, 얼마나 손을 탔는지가 '디지털 꼬리표'처럼 확인할 수 있다면 얘기는 달라진다. 마치 배송 추적처럼 정보의 이동 경로를 보는 기술이 있다면, 신뢰의 방식도 바뀐다.

블록체인은 이 흐름을 기억하는 기술이다. 복제는 쉬워도 삭제는 어렵고, 남겨진 기록은 지워지지 않는다. 언제, 어디서, 누구에 의해 바뀌었는지를 되짚을 수 있다면, 그것만으로도 진위의 단서가 된다. 정보의 흔적과 족보가 판단의 결정적 요소가 되는 순간이다.

실제 사례도 있다. 어떤 정치인을 비방하는 영상이 뉴스처럼 편집되어 퍼졌고, 많은 사람이 사실로 믿었다. 실제로는 존재하지 않는 장면들을 AI 편집 도구로 조합한 가짜였다. 뒤늦게 복원된 제작 이력 덕분에 진실이 드러났고, 비난 일색이었던 여론은 방향을 바꾸었다.

이 영상이 위험했던 이유는 정교함이 아니라, 아무도 출처를 묻지 않았다는 점이다. 그럴듯한 외형은 판단을 흐리고, 경로가 지워진 정보는 어디서부터 의심해야 할지도 어렵게 만든다. 정보는 스스로 증명하지 못하기 때문에, 누군가가 남긴 흔적을 분석해 해석할 수 있어야만 비로소 의미를 갖는다.

그렇다고 기술이 흔적을 남긴다고 해서 모든 것이 해결되는 것은 아니다. 콘텐츠에 남은 정보가 많아질수록, 원치 않게 개인이 특정될 가능성도 커진다. 이름이 없어도 위치, 시간, 사용 도구가 조합되면 누구인지 식별이 가능하기 때문이다. 다만, 진위를 드러내는 족보는 동시에 프라이버시를 침범할 수 있다는 양면성을 지니고 있기도 하다.

물론 기록이 있다고 해서 곧바로 진실이 되는 것은 아

니다. 흔적을 남기는 사람, 그것을 해석하려는 사람이 함께 있어야 족보는 완성된다. 콘텐츠도 사회도 혼자서는 투명해질 수 없다. 족보란, 결국 기술과 사람이 함께 감당해야 할 또 하나의 책임이다.

금융도 예외는 아니다. 투자 리포트나 관련 광고, 자동 생성된 요약은 눈덩이처럼 불어나지만, 그것이 어디서 왔고 어떤 과정을 거쳤는지는 잘 드러나지 않는다. 데이터를 읽는다는 건, 그 출처와 맥락을 함께 이해하는 일이다. 출처를 묻는 감각은, 디지털 시대에 금융을 슬기롭게 살아가는 기본 습관이다.

AI의 눈으로 본 세계, 진짜와 가짜를 구분하는 감각

AI는 점점 더 인간의 눈을 닮아 가고 있다. 단지 정보를 만드는 데서 그치지 않고, 그 정보가 얼마나 자연스러운지, 어디서 이상이 감지되는지를 스스로 판단하려고 시도한다. 마치 문장의 흐름이 끊기는 지점을 포착하거나 이미지 속 어색한 비율을 감지하는 것과 같다. 판단의 기준은 지식이 아니라 감각에 가까워지고 있다.

이 감각은 데이터가 많을수록 정밀해진다. 수천 개의 문장을 비교하고 억 단위의 픽셀 패턴을 분석하며, 목소

리의 떨림과 억양까지도 숫자로 읽어 낸다. 인간은 그 모든 정보를 한 번에 다루지 못하지만, AI는 작은 조각들을 이어 전체의 이상 현상을 감지할 수 있다. 그것은 경험이 아니라 추론과 반복 학습에서 비롯된 감각이다.

하지만 이 감각은 때때로 모호할 때가 있다. '무엇인가 이상하다'는 신호를 받았더라도, 그 이유를 설명할 수 없는 경우가 많기 때문이다. AI는 판단은 내리지만, 왜 그런 판단을 내렸는지를 명쾌하게 설명하지 못한다. 감지한 이상이 맞느냐보다, 그 판단이 얼마나 설득력 있느냐가 문제로 남는다.

이 때문에 AI가 가짜를 구별할 수 있다는 말은 절반만 맞는 표현이다. 실제로는 그럴 가능성이 높은 지점을 가리킬 뿐이며, 그것이 사실임을 단정하지는 않는다. 그래서 많은 시스템은 전문가의 검토를 거치도록 설계되어 있다. 진짜와 가짜는 여전히 기술과 사람이 함께 짚어야 하는 경계에 놓여 있다.

무엇이 의심스러운지를 결정하는 기준도 AI 혼자 만든 것이 아니다. 훈련된 데이터의 방향, 문제를 정의한 사람 특히 전문가의 시각, 기준을 설정한 사회의 규범이 그 감각의 테두리를 만든다. AI가 감지하는 이상한 규칙은 알고 보면 인간이 그려 놓은 틀 안에서만 움직인다.

기술이 진실을 보는 방식은 결국 사회가 진실을 구성하는 방식의 반영이다.

이 점에서 AI는 하나의 거울처럼 작용한다. 어떤 콘텐츠가 가짜로 의심받고, 어떤 표현이 이상하다고 판단되는지를 보면, 우리가 무엇을 불편해하고 무엇을 받아들이는지를 알 수 있다. 그래서 AI의 판별은 단순한 기술 문제가 아니라, 우리 사회의 문화와 태도도 반영한다. 결국 AI가 보는 세계는 사람이 만들어 놓은 틀 속에서 만들어진 것이다.

일부 뉴스 플랫폼은 AI의 판별 능력을 검증 업무에 활용하고 있다. AI는 텍스트의 말투나 구조, 이미지의 패턴, 과거의 유사 사례 등을 기준으로 콘텐츠를 자동으로 감지한다. 이렇게 감지된 정보는 출처와 전파 경로를 추적한 뒤, 사람이 우선 검토해야 할 대상으로 분류한다. 결국 AI의 판단은 인간의 직관과 함께 작동해야 비로소 신뢰를 얻는다. 판별은 혼자 하는 일이 아니라, 기계와 사람이 서로의 감각을 맞추는 협력의 과정이다.

금융 정보도 마찬가지다. 요즘 투자 분석, 리포트 요약, 종목 설명 자료 등은 대부분 AI에 의해 자동 생성되며, 그 내용이 사실인지 아닌지를 확인하는 첫 번째 절차 역시 AI의 몫이 되어 가고 있다. 하지만 이 정보의 근원은 어디인지, 어떤 경로로 작성되었는지, 어떤 기준으로 정리되었는지를 이해하지 않으면 판단은 무뎌진다. 진짜를 가리는 눈은 감각에서 시작되지만, 그 감각이 무엇을 바탕으로 만들어졌는지를 아는 것이 더 중요해지고 있다.

금융도 AI 에이전트가 대세다

금융 앱을 열면, 마치 누군가가 말을 걸듯 알림이 도착한다. 그 메시지를 만든 것은 사람도, 상담사도 아닌 AI다. 처음엔 그저 편리함이었다. 앱이 먼저 알려 주고, 리포트가 자동으로 생성되며, 투자 조언이 요약되어 도착했다. 나는 읽고 동의만 하면 됐다. 판단은 이미 끝나 있었다.

AI 에이전트는 내 수익률을 분석하고, 리스크를 예측하며, 금융 상품을 비교하고 추천해 주었다. 어느새 내 자산은 내가 아닌 시스템이 관리하고 있었다. 다만 수익이 줄어든 어느 날, 나는 멈칫하며 생각한다. 이것은 누구의 판단이었는가.

가입 당시 AI가 내게 보여 줬던 설명서를 보기 시작했다. 왜 이 결정을 했는지, 어떤 기준으로 이 상품을 제안했는지를 알고 싶었다. 확인이 가능한 것은 확률 기반의 수치나 알고리즘 요약뿐이었다. 그제야 깨달았다. 내게 필요한 것은 정답이 아니라, 그 판단이 왜 나왔는지를 납득할 수 있는 단서였다.

요즘 나는 일부러 AI의 제안을 따르지 않을 때도 있다. 그래야 내 기준과 판단이 아직 필요하다는 것을 느낄 수 있기 때문이다. 어쩌면 중요한 것은 수익률이 아니라, 판단을 감당할 수 있는 힘일지도 모른다.

편향성이나 환각 현상이 있다고는 하지만, 숫자와 패턴으로 분석된 AI는 오답을 줄 가능성이 낮다. 다만, 내 생활환경과 일치하지 않는 정답을 줄 뿐이다. 예상치 못한 병원비, 미루던 공과금, 갑작스레 긁은 카드 비용과 같은 순간들에 대해, 시스템은 이런 맥락을 이해하지 못한다. AI는 사소한 한 끼 식비 변화에도 망설이는 내 마음은 읽기 어렵다. 즉, 나의 선택이 숫자보다 앞설 때가 있고, 정답보다 중요한 사정이 있다는 걸 시스템은 모르기 때문이다.

그래서 나는 질문을 바꾸기로 했다. 무엇이 맞느냐가 아니라, 이 판단이 내게 어떤 의미였는지를 묻기로 한 것이다. 판단의 무게는 여전히 사람의 몫이며, 기술은 그저 그 곁을 지날 뿐이다.

어떤 정보는 사실이라도 신뢰받지 못할 때가 있다. 어

떤 추천은 정확해도 내 상황에 맞지 않을 수도 있다. 꼭 정답을 찾아야만 하는 시대는 지났다. 중요한 것은 설명을 따라가며 스스로 판단할 수 있는 힘이다. AI는 나 대신 결정해 주는 존재가 아니라, 내 선택의 방향을 비추는 하나의 도구일 뿐이다.

블록체인은 그 비춤의 흔적을 남길 수 있는 기술이다. 출처를 기록하고 수정 이력을 저장하며 판단의 여정을 기록해 주기 때문이다. 하지만 여기서 멈춘다면 또 다른 블랙박스에 불과하다. 이력보다 중요한 것은, 과정과 흔적을 읽어 내는 감각이다.

나는 이제 완벽한 조언보다, 불완전한 결정을 감당할 수 있는 사람이 되고 싶다. 기술은 정답을 주지 않는다. 다만, 내가 무엇을 놓치고 있었는지를 되돌아보게 할 뿐이다. 그리고 그것을 해석하는 책임은 여전히 나에게 있다.

참고문헌

김종현(2025.4.1). [김종현의 블록체인과 AI] Blockchain for AI. 《영남일보》, https://www.yeongnam.com/web/view.php?key=20250401010003288

송민택(2023.9.25). [송민택의 핀테크 4.0] 디지털 시대 정보보호

위험과 대응전략. 《전자신문》,
https://www.etnews.com/20230925000195
송민택(2025.3.24). [송민택 교수의 D-엣지] 알고리즘과 가짜뉴스, 그리고 금융시장. 《전자신문》,
https://www.etnews.com/20250324000067
Harvard Business Review(2025.1). Using blockchain to build customer trust in AI,
https://hbr.org/2025/01/using-blockchain-to-build-customer-trust-in-ai
McKinsey & Company(2023.6). The economic potential of generative AI: The next productivity frontier,
https://www.mckinsey.com/capabilities/mckinsey-digital/our-insights/the-economic-potential-of-generative-ai-the-next-productivity-frontier

10
플랫폼 금융과 AI 추천 시스템

쇼핑 중에, 검색을 잠시 멈춘 순간, 친구와 채팅하는 와중에도 금융은 말을 걸어온다. 정보를 제공한 것은 나였지만, 그 정보는 나를 판단하고 반응을 유도하는 도구가 되었다. 응답은 빨라졌지만, 그 흐름의 구조는 점점 더 보이지 않게 변화했다. 그 판단은 누구의 것이며, 그 선택은 누구를 위한 것인지 묻는 일이 이제 시작된다.

종교와 AI?

미래 금융의 다음 장면들

언제부터인가 금융은 예측의 대상으로부터 이미 작동 중인 구조로 진화했다. 원스톱 금융, 초개인화 서비스, 사용자의 상황에 즉시 반응하는 기술은 미래의 상상이 아니라, 현재의 일상 속에서도 구현되고 있다.

접근 방식부터 달라졌다. 과거에는 앱에 접속하고 인증을 거쳐야 금융을 이용할 수 있었다. 이제는 지문이나 얼굴 같은 생체 정보를 기반으로, 스마트폰을 바라보기만 하면 인증이 끝난다. 사용자는 금융을 실행하는 것이 아니라, 항상 연결된 상태로 머물러 있다.

이런 흐름을 가능하게 만든 것은 실시간으로 상황을 해석하고 반응하는 AI 시스템 덕분이다. 이 시스템은 단순히 사용자의 입력을 기다리지 않는다. 감정 변화, 행동 패턴, 화면을 바라보는 시간까지 포착하며 능동적으로 반응한다. 챗봇처럼 정해진 대답만을 하는 것이 아니라, 센서와 예측 기술이 결합된 똑똑한 인터페이스에 가깝다. 그래서 금융 정보는 따로 요청하지 않아도, 상황에 맞게 자연스럽게 먼저 다가오는 방식으로 바뀌고 있다.

이 변화는 개인의 금융 경험을 바꾸는 데서 그치지 않는다. 은행 같은 중개자 없이도 거래와 신용 창출이 가능해졌다. 그 배경에는 코인과 토큰 같은 디지털 자산의 등장도 한몫을 한다. 이뿐만이 아니다. 중앙은행만 발행할 수 있었던 화폐가 민간도 디지털 형태로 만들 수 있는 시대가 열리고 있다. 머지않아 화폐의 개념과 발행하는 주체 자체가 바뀔지도 모른다.

바로 이 지점에서 양자 컴퓨팅의 등장이 새롭게 주목받고 있다. 금융은 속도와 복잡성이 결합된 영역으로 빠르게 진입하고 있으며, 이를 감당할 계산 능력이 필요해지고 있다. 수많은 변수를 고려하는 포트폴리오 구성, 순간마다 변동하는 리스크 예측, 실시간 조건에 따라 달라지는 금융 제안은 더욱 정교한 계산 환경 속에서 구현될 수 있다.

이처럼 금융은 점점 더 정교해지고 있다. 다양한 데이터가 연결되고 분석되면서, 기술은 상황에 맞춰 빠르게 반응할 것이다. 하지만 모든 기술에는 책임이 따른다. 환경 보호, 사회적 책임, 투명성이라는 기준은 금융이 사회 안에서 작동하기 위한 최소한의 약속이다. 또한 국경을 넘나드는 디지털 금융 환경은 모든 국가가 조율할 수 있는 원칙과 상호 연동되는 기준이 반드시 필요하다.

결국 디지털 기술이 이끄는 금융의 변화는 단순한 기능의 추가가 아니다. 금융의 판 자체가 새롭게 구성되며,

그 안에서 우리의 선택 방식도 함께 바뀌고 있다. 겉으로는 내가 선택한 것처럼 느껴지지만, 사실은 정교하게 구성된 흐름 속에서 반응하고 있을 뿐이다. 스스로 묻게 된다. 이 선택은 정말 내가 한 것인가?

손가락보다 먼저 움직이는 것들

데이터와 AI의 발전에 힘입어 추천 알고리즘은 더 이상 쇼핑몰이나 OTT(Over The Top) 서비스에만 머무르지 않는다. 이제는 내가 말하지 않아도, 묻지 않아도 금융이 먼저 다가온다. 나도 몰랐던 나의 성향을 읽고 내 상황에 맞는 대안을 제안해 주는 시스템. 금융은 점점 판단보다 예측의 기술로, 선택보다 제안의 흐름으로 바뀌고 있다.

금융 앱의 추천 시스템은 단지 상품을 고르는 도구가 아니다. 소비자의 위험 선호도, 금융 목표, 소비 패턴까지 반영해 적절한 타이밍에, 가장 자연스러운 선택처럼 보이도록 설계된다. 추천은 정보가 아니라 경험이며, 판단은 분석이 아니라 반응처럼 작동한다. 화면은 마치 오래된 친구처럼 말을 걸고 소비자는 어느덧 손가락으로 응답하고 있다.

이런 변화는 금융 포용성의 문을 넓히는 긍정적 효과

를 낳는다. 복잡한 상품을 일일이 비교하지 않아도, 자신에게 맞는 옵션을 추천받을 수 있다는 사실은 정보 접근성이 낮은 소비자에게는 커다란 장점이다. 특히 MZ세대처럼 직관적이고 즉시적인 금융 서비스를 선호하는 세대에게는 이 방식이 새로운 기준이 된다.

그러나 이 편리함에는 감춰진 긴장도 있다. 추천의 기준이 되는 데이터는 과거를 반영한다. 그리고 과거에는 늘 편향이 있었다. 여성이라는 이유로 대출 승인율이 낮았던 통계, 고령자라는 이유로 고위험 상품은 제한된다는 사실 등이다. AI는 숫자로 말하지만, 숫자는 언제나 중립적이지 않다. 판단은 공정한 것처럼 보일 수 있어도, 그것이 누구의 입장에서 만들어졌는지 묻지 않으면 위험하다.

이러한 알고리즘 편향과 필터 버블(Filter Bubble)의 문제는 금융의 다양성과 역동성을 위협할 수 있다. 보수적인 성향을 가진 소비자에게는 항상 안전 자산만, 공격적인 패턴을 보이는 소비자에게는 고위험 상품만 반복 추천되는 경우, 소비자는 본인의 선택이라고 착각하지만 실은 시스템이 설정한 경로 위에 있을 뿐이다. 선택의 자유는 존재하되, 그 자유는 이미 구성된 무대 위에 있다.

이를 해결하기 위해 금융 기관은 알고리즘의 작동 과정을 더 투명하게 드러내야 한다. 왜 이 상품이 추천되었는지, 어떤 정보가 사용되었는지를 설명할 수 있어야 한다. 설명 가능한 AI, 윤리적 알고리즘 설계, AI 윤리위원회나 소비자 옴부즈만 제도 같은 제도적 장치들이 점점 더 요구되는 것도 이 때문이다. 신뢰는 예측이 아니라 해석의 언어에서 시작된다.

기술적으로도 다양한 금융 행태와 인구 집단을 포괄하는 데이터 세트의 확보가 중요하다. 이때 데이터는 비식별화되고 안전하게 관리되어야 하며, 대체 데이터나 비정형 정보도 균형 있게 활용될 수 있어야 한다. 추천 알고리즘의 윤리성은 기술의 문제가 아니라 데이터 구성과 해석의 문제이기 때문이다.

그리고 무엇보다 중요한 것은 소비자의 자각이다. 좋은 추천은 나의 선택을 돕지만, 모든 판단을 대신할 수는 없다. 우리는 이 추천이 누구의 기준에 따른 것인지, 이 판단이 어떤 정보 위에서 만들어졌는지를 계속해서 물어야 한다. 편리함 속에서도 한 걸음 물러나 맥락을 바라보는 태도, 추천을 따르는 손가락보다 먼저 깨어 있는 나의 감각이다.

금융이라는 이름의 플랫폼 사회

금융은 점점 더 많은 일상에 침투하고 있다. 쇼핑 중 결제가 이뤄지고 건강 앱에서는 보험 상품과 이어진다. 소비자에게 금융은 특정한 서비스라기보다 익숙한 배경처럼 다가온다. 어떤 기능을 실행하지 않아도 이미 금융은 생활의 다양한 장면에 깊숙이 얽혀 있다.

금융은 소비자의 질문을 기다리지 않는다. 여행이라는 단어만 입력해도 여행자 보험이 등장하고, 새로 이사한 주소를 입력하면 전월세 보증 보험과 이사비 대출이 먼저 제안된다. 금융사가 제공하는 앱에 접속할 필요 없이 검색 중 투자 정보를 만나고 음식 배달 직후 소액 할부나 캐시백 제안을 받는다. 결제를 마치기 전 무이자 할부와 포인트 사용 옵션이 화면 아래 깔리는 것처럼, 금융은 행동의 끝이 아닌 시작점에 자리 잡고 있다. 이와 같은 현상은 고객 접점의 의미를 바꿔 놓았고, 어느새 우리는 금융이 다가오는 환경에 익숙해졌다.

이러한 변화는 '임베디드(Embedded) 금융'이라 불린다. 사용자가 다른 앱을 이용하는 도중에 특정 행동에 따라 결제, 보험, 신용 관련 서비스가 곧바로 이어지고, 금융은 별도의 절차가 아니라 기존 서비스에 접합된 일상적 기능처럼 동작한다. 대표적인 구현 방식은 앱인앱

(App-in-App) 구조다. 하나의 앱 안에서 예금, 대출, 보험, 투자가 이어지고, 사용자는 별도 경로 없이 그 안을 이동한다. 이 과정에서 금융 회사는 독립된 공간을 설계하는 대신, 플랫폼이 만든 환경에 맞춰 기능이나 운영을 조율하게 된다.

산업의 경계도 재조정되고 있다. 콘텐츠, 유통, 통신, 헬스케어 등 다양한 분야가 금융 기능과 융합되어, 소비자는 어디까지가 금융인지 명확히 인식하지 못한 채 서비스를 이어 간다. 금융은 특정 시점에 개입하는 것이 아니라 전체 경험의 한 조각으로 자연스럽게 배치된다.

다만 금융이 일상 서비스에 자연스럽게 녹아들수록, 정보의 출처와 기준은 더욱 불투명해지고 있다. 소비자는 어떤 데이터를 바탕으로 금융 제안이 이루어졌는지 파악하기 어렵고, 선택의 순간에도 판단 기준은 쉽게 드러나지 않는다. 간편 결제 앱에서 발생한 무단 결제 사고나 신용 추천으로 인한 과잉 대출 사례는 그 이면을 보여준다. 편리함과 매끄러운 경험 뒤에는 설명 의무와 투명성, 그리고 개인 정보 보호에 대한 더욱 엄격한 책임이 따라야 할 것이다.

AI는 금융을 더 쉽게 만들었다. 플랫폼을 통한 금융의 일상화는 앞으로 더욱 빠르게 확산될 것이다. 그러나 소비자가 선택한 결과까지 책임지지는 않는다. 그만큼 책임의 빈자리를 채워 줄 투명한 기준, 설명 의무, 그리고 사람을 향한 신뢰가 필요하다. 속도를 따라가는 것은 기술이 아니라 결국 인간이기 때문이다.

참고문헌

송민택(2024.12.2). [송민택 교수의 핀테크 4.0] 슈퍼앱 부상과 금융의 새로운 경쟁력. 《전자신문》, https://www.etnews.com/20241202000270

안성학(2024.6). 금융회사의 임베디드 금융 활용법. 하나은행 하나금융연구소, https://www.hanaif.re.kr/boardDetail.do?hmpeSeqNo=36165

이시은(2024.5). 슈퍼앱 시대, 은행들의 전략 방안. 하나은행 하나금융연구소, https://www.hanaif.re.kr/boardDetail.do?hmpeSeqNo=36151

이정두(2025.2). 금융플랫폼 확대에 따른 금융소비자 보호 및 금융규제 이슈. 《한국금융연구원》, 34(2), https://kiss.kstudy.com/Detail/Ar?key=4154660

Mehta, N.(2024.2). How super apps are changing the banking and finance world. BFSI, https://bfsi.economictimes.indiatimes.com/blog/how-super-apps-are-changing-the-banking-and-finance-world/107776956

송민택

한양대학교 경영전문대학원 경영학과 겸임교수다. 연세대학교 경영학과를 졸업하고 동 대학원에서 재무관리로 석사 학위를 받았으며, 동국대학교에서 핀테크와 인공지능 전공으로 공학 박사 학위를 받았다. 다음커뮤니케이션 경영전략·글로벌 담당 임원, 신한금융그룹, 우리금융지주 디지털전략부장, 에이피더핀 부사장을 거쳤다. 동국대학교 공과대학 겸임 교수를 지냈으며, 포스텍 데이터사이언스포럼 기획위원으로 활동 중이다. 주요 연구 분야는 디지털 금융, 스테이블 코인 등 디지털 자산, AI 기반 금융 시스템, 플랫폼 전략 등이며, 산업, 정책, 금융을 연결하는 전문가로 활약 중이다. 《전자신문》에 "송민택 교수의 핀테크 4.0", "송민택 교수의 D-엣지" 등 시리즈 칼럼을 연재하며 금융혁신 담론을 이끄는 전문가로도 잘 알려져 있다.